economics of life

인생 경제학

인생을 낭비하지 않고
효율적으로 사는 법

인생
경제학

economics of life

한순구 지음

로고폴리스
LOGO POLIS

들어가는 글

인생, 어떻게 살아야 할까?
누구나 정답을 알고 싶어 한다.

나는 답을 모른다. 아마 앞으로도 계속 모를 것이다. 문득 드는 생각은 사람마다 품은 해답은 각기 다르다는 것이다. 인생을 살아내는 정답을 모르더라도 나름의 철학과 방법을 가지고 살고 있을 것이며, 나 또한 그렇다. 이 책에서 내가 살아가는 인생의 방법 역시 모두에게 적용되는 정답은 아니다.

1987년 대학에 입학해서부터 경제학을 공부하여 딱 30년이 되었다. 어느새 나도 모르게 '경제학적인 삶'을 살게 되었고, 경제학의 원리에 충실하게 살아가는 것도 인생의 방법이라고 생각하여 책을 쓰게 된 것이다. 이 책을 다 읽은 후 동의하는 독자도 있을 것이고, 그렇지 않은 독자도 있을 것이다. 다만 이 책에서 다루는 '경제학적 사고와 태도'가 독자들의 삶에 효율성과 합리성 측면에서 보탬이 되기를 바랄 뿐이다.

더불어서 이 책에는 1998년 교수가 된 이후 19년간 학생들을 상담하면서 얻은 깨달음이 녹아 있다. 따라서 이미 청춘이 지난 세대의 '꼰대질'로 치부하지 말고, 동시대를 살아가며 함께 고민을 나누는 선배의 직설적 충고로 읽어주길 바란다.

조금 설명해보면, 경제학은 이런저런 걱정을 미리미리 하면서 여러 가지 계획을 세워두는 학문이다. 기업이 장기적으로 할 투자와 단기적으로 할 투자를 계산하는 방법을 응용하면 20대 청년이 30, 40대 장년의 삶과 50대 중년의 삶, 그리고 이후 노년의 삶을 위해 각각 준비할 부분이 보일 것이다.

또한 경제학은 숫자의 학문이다. 감정, 환희, 좌절 등은 언급도 되지 않는다. 그런 의미에서 '경제학적인 삶'은 감정에 휘둘리지 않고 철저하게 데이터를 바탕으로 인생에서 이루고자 하는 일을 성취할 가장 좋은 방법을 알아내서 실천하는 것이다. 더 나아가 그렇게 최선의 방법을 선택하여 시도했음에도 목표를 이루지 못하고 실패하였더라도 그 또한 담담히 받아들이고 다음을 위해 다시 계획을 세우는 것 역시 '경제학적인 삶의 자세'다.

경제학자도 인간이기에 알파고처럼 감정을 완전히 배제하지 못하고 좌절하고 기뻐한다. 또 알파고처럼 계산해서 인생을 산다면 성공의 확률은 높아질지 모르지만 그런 인생이 무슨 재미가 있냐고 묻는다면 나도 할 말이 없다.

그런데 나는 따뜻한 말보다는 구체적인 방법을 알려주거나 노력을 더 하라는 채찍이 성공의 확률을 더 높인다고 생각한다. 어디서 어떤 정보를 얻고 하루에 몇 시간 공부해야 목표를 이룰 수 있는지 그 법칙을 찾고자 하는 것이 경제학적 방법인 것이다.

이 책을 읽는 독자들 중에서 일부라도 '경제학적인 삶'을 시도해보고 그런 방식에 의미를 찾으면 좋겠다. 철저한 계획을 세우고 인생을 산다고 해서 성공하는 것은 결코 아니다. 어쩌면 성공률이 올라가지 않을 수도 있다. 하지만 '여러 가지를 고려해서 최선의 방법을 골라 오랫동안 시행한 후에 오는 실패는 후회가 남지 않는다'는 것이 내 경험칙이기 때문이다.

이 책을 읽은 독자들이 다음 세 가지를 얻었으면 한다.

첫째, '경제학적인 삶'을 살아가는 재미.
둘째, '경제학적 사고와 태도'를 삶에 응용하여 인생의 목표를 조금 더 높은 확률로 성취.
셋째, '경제학적 삶의 자세'로 매일매일 인생사에 일희일비하지 않고 살아가는 마음의 평화.

매우 당연하게도 '투입(실천)이 없으면 산출(결과)이 없다'는 명제는 경제학의 기본 중 기본임을 명심해주시기 바란다.

정유년 일출을 바라보며,
저자 한 순 구

차례

들어가는 글   4

1부 일과 학습

네 능력을 검증하라 계량경제학   13

결정은 신속히, 행동은 과감히 목적 함수   19

노력의 결과는 언제나 좋다 비용-수익 대응의 원칙   26

기회비용을 기꺼이 지불하라 기회비용   31

급선회하는 배는 침몰한다 하이퍼볼릭 할인   37

서른까지는 공부에만 매진하라 투자 회수 기간   46

더 많은 보상을 받는 일을 하라 한계대체율   54

슬럼프에 시작하는 연애는 폭탄이다 소비 평탄화   60

혼밥, 혼술도 계획하라 수요와 공급   67

인생은 결코 '한 방'이 아니다 고정비용, 불량 채권   76

부모님께 성적을 공개하라 정보의 비대칭성   82

제2부 삶과 꿈

모든 것을 걸어야 이긴다 유한 게임, 무한 게임　91

정보가 승패를 가른다 조건부 확률　97

부모 돈 보기를 돌같이 하라 소득효과, 하방경직성　104

잘못은 먼저 자신에게서 찾아라 랜덤 쇼크　112

아부가 아닌 칭찬을 하라 논-제로-섬 게임　120

인사는 호랑이도 친구로 만든다 시그널링　127

발생 가능한 일들을 미리 생각하라 컨틴전시　134

버티고 버텨라, 기회가 온다 지구적 소모전　142

남을 위하는 것이 자신을 위하는 것이다 스타켈버그 리더　151

'들이대 정신'으로 무장하라 유도 효과　160

인생은 게임이다! 커미트먼트 문제　166

경제학 입문을 위한 추천 도서　174

일과 학습

네 능력을 검증하라

　나는 하버드 대학교에서 박사 학위를 받고 교수가 된 후에 지금의 아내를 만나 결혼했다. 어느 날 아내가 나를 보더니 어처구니없는 말을 건넸다. '하버드 박사라고 해서 머리가 아주 좋을 줄 알았는데, 살아보니 별로 못 느끼겠다'는 것이었다. 비단 아내에게뿐 아니라도 이런 시선을 가끔 받는다. '정말 하버드 나온 게 맞느냐, 박사나 교수보다 평범한 이웃집 아저씨 같다'는 식의 반응들이다. 나 역시 내가 특별히 머리가 좋다고 생각해본 적은 없다. 서울대학교에 입학하고 보니 나보다 똑똑한 친구들이 정말 많았다. 그럼에도 나는 성적을 항상 최상위로 받았는데, 그 비법이 바로 '9·11'이다.

　'9·11'이란 아침 9시에 등교하여 밤 11시까지 강의 받을 때를 빼고는 도서실에서 공부하는 나만의 학습 방식이다. 시험 기간에만 그런 것이 아니고, 일요일을 제외한 모든 요일 내내 실천했다. 당연히 방학이라도 예외는 없었다. 당시 통학 시간은 서울의 가장 북쪽에 자리한 상계동 집에서 남쪽의 신림동 서울대학교까지 1시간 30분이 소요되었다. 밤 11시에 도서실에서 나오면 집에 도착하는 시간은 대략 12시 30분이 된다. 아침에는 거의 항상 7시에 종로에 위치한 영어 학원에 가서 회화나 듣기 수업을 받고 9시까지 학교에 갔으니 기상은 아침 6시였다. 집에서 잠을 잔 시간은 5시간 30분 정도였고, 매일 오가는 버스 안에서 부족한 잠을 보충했다. 솔직히 말하자면, 고교 생활보다 대학 생활이 더 힘들었다. 아내가 말한 것처럼 머리가 좋지는 않지만, 연 300일 넘게 아침 7시 영어 학원에서 시작해서, 9시부터는 학교에서 밤 11시까지 공부했으니 학점을 잘 받을 수 있었던 것이다.

0   10000

교수 생활이 올해로 딱 19년째다. 그간 학생들과 상담을 많이 했다. 가장 많이 나오는 질문 중 하나는 이렇다.

"제가 해외 유학을 가서 박사 학위를 받고 싶은데(또는 로스쿨에 들어가고 싶은데, 행정고시를 보고 싶은데) 잘 안 될까 봐 걱정입니다. 제가 능력이 될까요?"

나는 우선 학점을 물어본다. 사실 평균 학점이 A+에 근접한 학생들은 내게 찾아와서 자신의 능력이 있는지, 없는지 알려달라는 질문조차 하지 않는다. 그 이유는 자기가 봐도 자신할 수 있기 때문이다. 그 다음 질문은 '하루에 몇 시간 공부하는가'이다. 당연히 시험 기간이 아니라 방학을 포함한 평소의 공부 시간을 물어본다. 만일 '9·11' 즉, 아침 9시부터 밤 11시까지 매일 공부하는데도 학점이 낮다면, 미안하지만 그 학생은 해외 유학을 가서 박사 학위를 받을 가능성이 아주 희박하다고 이야기할 수밖에 없다. 대부분의 학생들은 시험 직전에 1~2주 정도만 '열공' 했고, 만족스럽지 못한 학점이 나오자 내게 면담을 요청해온 것이다. 그러니 낮은 학점이 공부가 부족한 탓인지, 능력이 부족한 탓인지 도대체 알 수가 없는 것이었다. 이때 나의 대답은 한결같다.

"자네가 능력이 되는지, 아닌지 그것을 내가 어찌 알겠나?"

경제학은 크게 이론과 실증 분야로 나눌 수가 있다. 이론 분야는 여러 가지 가능한 상황들에 대해 논리적으로 분석하는 것이다. 실증 분야는 현실의 데이터를 모아서 여러 이론들 중 어느 쪽이 맞는지 검증하는 작업이다. 후자를 인용하여, 나는 학생들의 적성이나 능력을 지금까지의 성적만으로 따져서 예단하기보다는 그들의 실제 능력을 검증해보는 것이 필요하다고 생각한다. 실증하기 위해서는 현실의 데이터가 필요한데, 그 데이터는 바로 능력의 수치를 산출하는 것이다. 따라서 '9·11'을 통해 일정 기간 노력을 한 후에만이 자신의 적성과 능력에 대해 실증적인 분석이 가능하다.

우선 먼저 1년 정도 죽어라 열심히 공부해보자. 1년을 '9·11' 이상으로 노력했는데도 결과가 좋지 않으면 확실히 능력이 없는 것이다. 1년 동안 '9·11'로 공부할 결심도 서지 않는 학생은 고민할 필요도 없다. 능력도 안 되고, 자질도 없는 것이 확실하다.

유학을 가더라도 실패해서 돌아올 것이요, 로스쿨에 입학도 어렵겠지만 설령 합격하더라도 바로 쫓겨날 것이다. 고시는 생각할 필요도 없이 불가능이다.

자신의 분야에서 성공한 이들과 이야기를 나누다 보면 한 가지 공통점이 있다. 모두가 3년에서 5년 정도 매일 최소 10시간 이상 공부한 경험이 있었다. '1만 시간의 법칙'이라는 단어가 나오기 전부터 그들은 이미 성공의 길에서 전심전력을 다해 온 것이었다. 물론 10시간은 식사 시간이나 화장실 가는 시간을 제외한 순수한 공부 시간이다. 결론적으로 성공을 원하는 젊은이들에게 해줄 말은 간단하다.

'9·11 하라!'

경제학 키워드 계량경제학 econometrics

실제 경제 현상을 분석하여 관계를 찾고, 이론을 실증하는 학문이다. 실제 이용 가능한 데이터를 활용하여 경제 이론에 기반을 둔 가설이 유효한지, 유효하지 않은지를 검증하는 것이다.

결정은 신속히,
행동은 과감히

　나의 '진로 결정사'를 간단히 언급하고자 한다. 첫 진로 결정은 고등학교 1학년을 마칠 즈음이었다. 나는 문과와 이과 중 한쪽을 선택해야 했는데, 여간 고민되는 게 아니었다. 아는 것도 별로 없었지만 '오늘은 문과, 내일은 이과' 식으로 매일같이 마음이 바뀌었다. 때마침 문과로 마음이 바뀌는 날에 신청서를 제출하게 되어서 결국 문과로 오게 되었다. 대학 진학을 하면서는 이과 성향이 있었기에 수학을 많이 사용하는 경제학을 선택하는 데는 별다른 망설임이 없었다.

　그 다음으로 선택해야 했던 것은 대학 이후의 진로였다. 평범한 회사원이셨던 아버지가 교수라는 직업을 권하셨는데, 내가 보기에도 좋아 보여 도전해보기로 했다. 서울 강북 가운데서도 가장 변두리인 도봉구에서 고등학교를 나온 나로서는 솔직히 큰 기대를 하지 않았다. 하지만 '9·11' 덕에 대학에서 성적이 잘 나왔고, 유학을 가서 박사 학위를 받게 되었다. 사실 하버드 대학교에 유학을 가서는 고생과 고민이 많았다. 하버드는 속된 말로 정말 장난이 아니었다. 각국에서 똑똑하다는 학생들이 모였으니 당연한 일이겠지만, 성적이 잘 나오는 과목들도 있었던 반면 하위권 성적을 받은 과목들도 상당히 있었다. 서툰 영어로 지도 교수와 이야기하다가 혼이라도 나는 날에는 정말 내가 길을 잘못 들었나 하는 생각에 유학을 포기하고 한국으로 돌아가고 싶기도 했었다.

결과적으로 보면 경제학과를 선택했고, 유학을 선택했고, 교수라는 직업을 선택했지만 이 모든 것에 확신이 들었던 적은 없었다. 그럼에도 지금은 경제학과 교수 지위에 상당히 만족하고 있고, 다시 태어나도 경제학을 하지 않을까 싶다. 무엇보다도 처음에는 지루했던 경제학이 차츰 재밌게 느껴졌다는 것이 너무도 신기하다.

나와 상담한 학생들 중에는 진로 문제를 놓고 너무나 오랫동안 고민하는 학생들이 매우 많았다. 그들은 대부분 "인생의 진로 결정은 매우 중요하니까 몇 년이 걸리더라도 심사숙고해야죠."라고 말한다. 과연 그럴까? 나는 젊은이들이 진로를 놓고 고민하는 것처럼 바보 같은 일이 없다고 생각한다. 이렇게 생각하는 데는 확실한 이유들이 있다.

첫째, 진로에 대해 확신이 서지 않는다고 말한다. 한 치 앞도 알 수 없는 것이 인생이요, 변화무쌍한 현대사회에서 10년 후 미래도 예측하기가 매우 어렵다. 자신이 평생 하고 싶은 일에 대한 확신이 서야지만 진로를 결정하겠다는 사람은 제때 진로를 선택하지도 못하고 심한 경우 평생 아무런 결정도 할 수 없다.

둘째, 진로에 대해 엉뚱한 고민만 하고 있다. 학생들에게 어떤 진로들을 놓고 고민하고 있냐고 물으면 대다수는 '그냥 고민 중'이라고 답한다. 이런 학생들은 대번에 내게 혼난다. 막연히 고민한다는 말은 실제로는 고민도 하지 않고 고민하는 척만 하면서 멍하니 허송세월하고 있다는 말이다. 그 다음으로 많은 대답이 "유학과 로스쿨 중에서(또는 공기업과 대기업 중에서) 고민 중입니다." 같은 것들이다. 이런 대답을 들으면 걱정도 팔자라는 생각이 든다. 대학 교수 중에 나이 마흔이 넘어서 문득 '로스쿨 가서 검사가 되었어야 했는데'라며 후회하는 사람이 몇이나 될까? 그런 학생들의 진짜 고민은 '내가 정말로 유학을 가서 박사 학위를 받을 수(또는 로스쿨 가서 판검사가 될 수) 있을까?' 하는 것이어야 마땅하다. 마치 자신이 마음대로 고를 수 있는 것처럼 둘을 놓고 고민하는 것은 현실적으로 건방지기 짝이 없는 일이다. 그래서 나는 이렇게 답을 한다.

"김 군, 일단 지금부터 열심히 노력해서 교수가 되거나 판검사가 되거나 고위 공무원이 되거나 대기업 임원이 되시게. 그런데 되고 보니 너무 허무하고 인생 헛살았다는 생각이 들거든 내게 오시게. 내가 자네의 인생을 다 보상해주겠네."

셋째, 진로에 대해 제대로 탐색하지 않고 있다. 방 안에 앉아서 고민만 하고 있기보다는 주변의 어른이나 교수, 선배들에게 물어보고 인터넷으로 검색하면 답을 찾아가기가 수월하다.

그런데 많은 학생들이 직업의 종류와 특징들에 대해 탐색을 전혀 하지 않는다. 4학년이 되어 졸업할 때까지도 알아보지 않으면서 진로 선택이 어렵다고 한탄하는 경우들을 너무도 많이 보아왔다. 일주일 정도 열심히 직업별 특징을 조사해보는 것만으로도 진로 고민이 해결될 수 있다.

넷째, 끊임없는 고민은 목적지 없이 표류하는 배와 같다. 경제학에서는 항상 '목적함수'라는 개념을 이용한다. 가정의 목적함수는 규모 있게 돈을 사용하여 행복감을 극대화하는 것이고, 기업의 목적함수는 최소의 투입으로 최대의 산출을 얻어서 이윤을 극대화하는 것이다. 한 개인의 인생도 경제학적으로 보면 노력 대비 최대의 성과를 거두어 인생을 가장 행복하게 사는 것일 테다. 그런데 진로 결정을 못하고 출발점에서 계속 표류하고 있는 상태가 지속된다면 어떻겠는가? 주변을 보라. 다른 배들은 이미 보물섬으로 출항했다.

내가 만난 많은 학생들 중에는 기껏 결정한 진로를 포기해야 하는 경우도 많았다. 고학년이 되어서 유학을 결심한 어느 학생의 경우, 유학을 가려면 반드시 이수해야 할 과목과 필요한 학점이 충족되어야 하는데 이수하지 못한 과목들이 많았고 학점 관리도 제대로 되지 못해서 유학 자체가 불가능해진 것이다. 게다가 이 학생을 불쌍히 여겨서 뽑아줄 박사 과정도 존재하지 않는다. 대기업이나 로스쿨이나 공기업이나 모두 마찬가지다.

진로 고민으로 허비한 시간은 온전히 자기 책임이다. 진로 고민보다도 선택한 진로에서 성공하는 것이 가장 핵심이다. 그러니 진로를 일주일 안으로 결정해서 평생 최선을 다하는 것이 해답이다.

경제학 키워드 **목적 함수** objective function

비용을 지불하고서라도 이루고자 하는 목표를 말한다.

노력의 결과는
언제나 좋다

　　나는 2002년도에 만 34세의 나이로 교수가 되었다. 지금 생각하면 참 어리고 아무것도 모르던 시기였지만, 학생들은 나이 차이가 많이 나지 않는 교수라서 더 편하게 질문을 해왔다. 처음에는 초짜 교수로서 한 학생당 두세 시간씩 고민을 들어주고 안타까워했던 기억이 난다. 학생이 돌아간 후에도 그의 고민을 곱씹으면서 밤에 다시 이메일을 보내주곤 하였다. 학생들의 고민을 쉽사리 풀어줄 수 없었던 내 자신이 너무 무기력하게 느껴지기도 했던 때였다.

15년이 지난 지금은 어떨까? 상담 온 학생이 고민을 이야기하기 시작하면 우선 30초 정도 들어주는 시늉을 한다. 첫 10초 정도는 정말로 듣는다. 그러면 나는 학생의 고민이 무엇인지 거의 다 알아챈다. 학생이 대학에 와서 몇 개월간 풀 수 없었던, 그리고 오직 자기만의 고민이라고 확신하면서 자신의 저주받은 인생을 원망하던 바로 그 고민은 내가 상담한 학생의 95퍼센트에게서 지난 15년간 들어온 똑같은 고민임을 알게 된다. 그들의 공통된 고민은 결국 다음 문장으로 요약된다.

'저는 더 이상 노력하기 싫습니다. 더 이상 고생도 하기 싫습니다. 그러나 크게 성공하고 싶습니다.'

좀 더 풀어서 써보면 다음과 같다.

"저는 행정고시에 붙어 주변의 기대에 부응하면서 평생 보장되는 직장에서 근무하고 싶습니다. 하지만 잘 아시다시피 행시를 준비하면 낭만과 꿈이 가득한 대학 생활은 완전히 끝이 나고, 고등학생보다도 못한 삶을 살아야 하는데 이것은 너무 불공평합니다. 행시 공부를 한다고 해서 붙는다는 보장도 없는 것이 아닙니까? 만일 제가 행시 공부를 몇 년간 했는데 계속 시험에 불합격한다면 그 책임은 누구에게 물어야 합니까?"

"물론 저는 유학을 가서 성공적으로 박사 학위를 받은 후 금의환향하여 대학 교수가 되고 싶습니다. 그런데 혹시 나중에 부모님이 제 유학 자금을 대시느라 형편이 어려워지면 제가 모셔야 하겠죠? 그리고 유학을 갔다 올 때까지 여자 친구가 기다려줄까요? 여자 친구와 결혼을 해서 함께 간다고 해도 무슨 돈으로 몇 년간 외국 생활을 할 수 있을까요? 박사 학위를 받는다고 교수가 된다는 보장도 없고요."

이는 과연 심각한 고민이다. 그 이유는 인류 역사상 단 한 번도 가능하지 않았던 것들을 자기가 하고 싶다는 것이 고민의 요체이기 때문이다. 그런데 답은 의외로 간단하다. 노력 없이 성공은 절대로 일어나지 않는다. 그러니 포기하라.

학생들에게 현실적인 선택지는 크게 두 가지다. 하나는, 노력하지 않고 편하게 놀면서 살아가되 얼마 못 가서 맞닥뜨릴 고생을 각오하는 것이다. 또 하나는, 앞으로 최소한 10년 정도는 죽도록 노력하되 그렇다고 성공이 반드시 보장되는 것은 아니니 그 정도의 위험은 감수하는 것이다.

경제학의 기본이 투입(input)이 없으면 산출(output)이 없다는 것이다. 노력을 투입하지 않고 어떻게 성공이라는 산출물을 얻을 수 있겠는가? 한 가지 목표를 위해 젊음을 바치든지 아니면 성공과는 거리가 먼 삶으로 만족하든지 둘 중에 하나일 뿐이다.

'노력한다고 해도 괜히 고생만 하고 실패하는 것 아닌가?' 하는 불안감을 씻을 수는 없겠지만, 그나마 다행인 것은 대개의 경우 노력하면 어느 정도 성공하고, 혹여 성공하지 못하더라도 새로운 길이 보인다는 것이다. 노력하고 고생하는 것은 언제나 결과가 훨씬 좋다.

경제학 키워드 비용-수익 대응의 원칙

principle of matching costs with revenues

수익이 있으면 비용이 있음을 뜻하는 회계 용어다. 이 원칙에 따라 손익계산을 위해서는 해당 기간의 수익과 비용을 정확하게 인식하고 구분하는 것이 요구된다.

기회비용을 기꺼이 지불하라

　　20대 초반 어느 여름에 해인사에서 개최하는 수련회에 참여한 적이 있다. 승려들과 똑같이 일주일을 살아보는 것인데, 속된 표현으로 장난이 아니었다. 하루에 잠은 네 시간만 자고, 종일 참선을 하거나 설법을 듣고, 밥은 딱 두 끼만 먹었다. 그리고 묵언 수행이라 누구와도 말하는 것이 금지되었다. 일주일간의 수련을 마치면서 공부가 훨씬 쉽다는 생각이 저절로 들었다. 고승은 평생을 이렇게 한다고 하니 절로 고개가 숙여졌다. 아마 불교뿐 아니라 다른 종교에서 가장 존경받는 분들의 삶도 모두 그러할 것이다.

    해인사 수련회에서 가장 감명 깊었던 것은 주지 스님의 말씀이었다. 나의 얕은 지식으로도 해인사의 주지라고 하면 우리나라 승려들 중에서도 가장 존경받는 고승이시기에 집중을 했다. 그러나 기대했던 인생에 대한 명쾌한 해답과는 달리 '인생의 의미를 모르고 사는 것은 아무런 가치가 없는 것이고, 그것은 말로 가르칠 수 있는 것이 아니므로 알고 싶으면 당장 출가해서 절로 들어온 후에 스스로 노력해서 깨달아야 한다'고 하셨다. '부모 형제를 버리더라도 인생의 의미를 깨닫는 것이 더 중요하다'는 뜻이었다. 지금 생각해도 상당히 충격적이었다.

    내가 깨달았던 사실은, 사람이 큰 목표를 가지려면 그에 못지않은 것들을 포기해야 한다는 것이다. 경제학에서는 '기회비용'이라 한다. 어떤 한 가지를 이루기 위해서는 다른 것들을 포기해야 하는데, 그렇게 포기된 것들을 기회비용이라고 이해하면 대략 맞다.

    예를 들어, 유학의 기회비용은 무엇인지 생각해보자. 일단 유학 기간 중에는 부모 형제와 연간 일주일 이상 만날 수 없게 된다. 친구들도 마찬가지다. 나와 같이 하버드 대학교 경제학

과 박사 과정에 들어간 35명의 동기 중에서 10명이 자퇴 또는 퇴학으로 학교를 떠났다. 후배 중에는 그리움이 우울증으로 심화되어 자살한 러시아인도 있었다. 유학생들 사이에서는 빨래를 일주일에 두 번 하면 수업을 쫓아갈 수 없다는 말이 나돌 정도였기에 공부 외에는 작은 감정에라도 정신을 둘 겨를이 없다. 당연히 결혼은커녕 이성 교제도 극도로 자제해야 하니, 청춘들에게는 유학 생활이 아닌 유배 생활인 것이다.

물론 이 세상에는 해외 유학의 박사 학위 취득보다 훨씬 어려운 일들이 많다. 분명한 것은 그 사람도 그 일을 이루기 위해서 엄청난 기회비용을 지불했다는 것이다. 어려움 없이 공부해서 해외에서 박사 학위를 받은 사람은 내가 아는 한 단 한 명도 없다. 엄청난 외로움과 금전 문제, 가족과의 갈등, 그리고 우울증 등의 질병에 시달리면서도 그것들을 이겨내고 얻은 것이다.

내 주변에는 명석한 두뇌를 가졌음에도 큰 결심과 도전을 하지 못한 결과 타고난 능력에 못 미치는 대우를 받고 있는 친구들이 있다. 그들의 대부분은 나보다 가정환경이 어렵거나 여건이 좋지 않았던 것이 결코 아니었다. 다만 노력과 고생을 결심하지 못한 것이 나와의 차이점이었을 뿐이다. 반대로 고등학교 때나 대학교 때 뛰어난 능력을 보여주지 못했던 친구가 의외로 큰 성공을 거두어 동문들이 깜짝 놀란 적이 있었다. 그들의 이야기를 들어보면 어떤 계기가 있어서 큰 결심을 하고 모든 것을 희생하여 죽도록 노력한 결과라고 한다.

사람들이 쉽게 빠지기 쉬운 가장 잘못된 생각이 '다른 사람들은 여건이 좋지만 나만 집안 형편이 불우해서 도전하지 못한다'는 자기변명이다. 중요한 순간에 큰 결심을 한다고 반드시 성공이 보장되는 것은 아니지만, 분명히 성공할 가능성은 단 몇 퍼센트라도 존재한다. 도전을 하지 않으면 그나마 그 작은 가능성 자체가 존재하지 않는다.

목표하는 것이 클수록 기회비용, 즉 포기해야 하는 것들도 당연히 크다. 만약 포기하지 못하겠다면 그것은 목표에 대한 간절함이 부족한 것이고, 결심이 굳지 않다는 것을 의미한다. 그러면 당연히 노력도 약할 것이고, 결과도 만족스럽지 못할 것이다.

결심을 했다면 바로 그 길만 보고 가라. 발목을 잡는

그 어떤 것이든 결단의 칼로 망설임 없이 끊어버리고
씩씩하게 목표를 향해 행군하라.

기회비용 opportunity cost

시간, 돈과 같은 한정된 재화들 사이에서 인간은 어떤 것을
포기하고 어떤 것을 선택하게 되는데, 이때 포기된 것들의
경제적 가치를 일컫는 경제학 용어다.

급선회하는 배는 침몰한다

　연말이 다가오면 유학 관련해서 진로 상담을 신청하는 학생들이 많아진다. 평소에는 유학 준비를 전혀 하지 않고 있던 3, 4학년 학생들이 갑자기 유학에 관심을 보이는 것이다. 대부분 유학에 뜻을 둔 학생들은 대학 신입생 때부터 유학 준비를 착실히 한다. 앞서서 이야기했듯이 필요 이수 과목과 학점 때문에 3, 4학년 때 갑자기 유학 준비를 하는 것이 현실적으로 매우 어렵기 때문이다. 이를 이상하게 생각하던 차에 한 학생을 통해 그 이유를 알게 되었다.

　그는 원래 내가 유학을 권했지만 해외에 나가서 생활할 결심이 서지 않는다면서 행정고시 공부를 하겠다던 학생이었다. 그런데 갑작스레 12월에 나를 찾아와서는 유학을 가고 싶다고 했다. 계속 공부를 해왔지만 최근 들어 행정고시가 적성에 맞지 않는 것 같다는 생각이 들었다는 게 그 학생의 이유였다. 나는 애써 공부한 것이 아까워서라도 두 달 후에 있을 행정고시를 보고 그 후에 다시 오라고 해서 돌려보냈다. 결국 그 학생은 그 해에 행시를 보지 않았다.

돌이켜보면, 그 학생은 행정고시 직전에 마음이 흔들려서 지금까지 전혀 관심이 없던 유학을 핑계로 도망가고 싶었던 것이다. 그 후로 초겨울에 갑자기 유학 문제로 상담을 오는 학생들에게 원래 행정고시 준비를 하지 않았냐고 물어보게 됐다. 많은 수가 그렇다고 답했다.

경제학에서 새로이 등장한 분야인 행동경제학에는 '하이퍼볼릭 할인'이라는 이론이 있다. 어려운 이론이지만 요점만 말해보면, 한 인간의 마음속에서도 여러 명이 존재해서 상호작용을 한다는 것이다. 즉, 철수라는 학생이 있지만 10월의 철수와 11월의 철수가 마음속에 각각 있다는 것이다. 그래서 10월의 철수는 한 달 내내 놀고 싶고 11월의 철수가 하루 10시간씩 공부해서 시험을 잘 봤으면 좋겠다 하고, 11월의 철수는 10월의 철수가 하루 5시간만이라도 공부를 해줘서 11월에 5시간만 공부하기를 원한다. 물론 우선 선택권을 가지고 있는 10월의 철수가 모든 공부를 11월의 철수에게 미루고 10월 내내 공부하지 않을 수도 있다. 이때 11월의 철수는 10월의 철수를 원망하게 되고 하루에 10시간 이상 공부해서 시험에 통과하는 대신 차라리 시험을 포기해버릴 수도 있는데, 이런 현상이 앞서 언급한 학생들에게 일어나고 있는 것이다.

나는 갑작스런 진로 변경이 옳지 않다고 생각한다. 그 이유는 다음과 같다.

첫째, 어떤 일이든지 오랫동안 노력해온 것이라면 끝까지 해서 결말을 보는 습관이 필요하다. 몇 년을 준비한 행정고시를 두 달 앞두고 진로를 변경하는 것은 진로에 대한 회의나 새로운 계획의 발현이라기보다는 시험에 대한 긴장감을 이기지 못하고 도피하는 것일 뿐이다. 설령 진로를 변경하더라도 행정고시를 보고 난 이후에 결정하는 것이 옳다. 인생의 중요한 순간마다 도피를 선택하는 나쁜 습관에 물들 가능성이 크기 때문이다.

둘째, 이성적이지 못한 선택일 가능성이 크다. 설사 수년간 행정고시 공부를 하다 보니 그 길이 아니라는 확신이 들었다손 치더라도, 유학이 자신에게 맞는다는 것은 전혀 보장될 수 없는 사항이다. 분명 그 학생도 수년 전에 유학을 포함한 수많은 선택지 중에서 심사숙고하여 행정고시의 길을 택했을 텐데, 이제 와서 갑자기 판단을 번복할 근거는 어디에 있는가.

셋째, 실패할 확률이 높다. 많은 학생들이 6년 가까이 노력해서 미국 대학의 박사 과정에 들어가는데, 유학에는 전혀 관심 없이 몇 년을 지내다가 갑자기 변심하여 바로 도전할 수 있을 만큼 쉬운 일이 아니다. 아무리 소중한 제자라고 해도 5~6년간 유학을 준비하면서 한 번도 흔들림이 없었던 제자들을 제치고 도피성 유학으로 보이는 제자의 추천서를 좋게 써줄 수는 없다. 이것은 단순히 감정적인 판단이 아니라 실제로 즉흥적으로 유학을 선택한 학생들이 막상 유학을 가서는 실패하고 돌아

오기 때문이다.

　유학을 가는 학생들의 추천서를 써주는 철이 되면 졸업하고 수년간 소식이 없던 제자들에게서도 연락이 온다. "다음 주까지 해외 유학 추천서를 부탁드려도 될까요?"라는 내용인 경우가 적지 않다. 물론 직장 생활을 하다가 유학을 결심할 수 있다. 하지만 마감 일주일 전에 연락을 해서 추천서를 부탁하면 그 교수는 어떤 생각이 들겠는가? 확실한 것은 이 제자가 졸업하고 드디어 정신 차려서 공부를 하려나보다 하는 생각이 들지 않는다. 오히려 직장에서 최근에 무슨 문제가 있는데 갑자기 울끈불끈하는 마음에 유학이라는 엉뚱한 출구를 찾은 게 아닌가 하는 의구심이 든다. 반면에 짧게는 6개월, 길게는 1년 전부터 연락하면서 유학 관련된 여러 가지 의문점들을 물어오는 제자들도 있다. 그들에게는 기꺼운 마음으로 상담해주고 추천서를 써주려고 한다.

　추천서를 써주는 일은 간단해 보여도 매우 조심스러운 작업이다. 내가 추천한 학생이 유학을 가서 잘하면 내년에도 내가 추천한 학생을 다시 뽑아줄 가능성이 높아지지만, 혹여 중간에 힘들다고 포기하거나 문제를 일으키고 귀국을 해버리면 한동안 그 대학에는 내가 추천하는 학생은 물론 그 학생의 동문까지도 피해를 입을 수 있다. 그러니 내가 추천할 때 중요하게 보는 것이 학습 능력뿐만 아니라 쉽게 포기하는 성격인지, 끈기 있게 끝까지 노력하는 굳은 심지가 있는지 확인해본다.

대학 신입생 때는 여러 가지 진로를 생각하고 고민하는 시간을 가져야 한다. 그리고 이런저런 어른들과 전문가들을 찾아가서 조언을 들어보는 일도 빠트리지 말고 실천해야 한다.

그렇게 해서 진로가 정해지면 중간에 불안감과 회의가 들더라도 밀고 나가는 것이 좋다. 혹시 선택한 진로가 예상과 너무 다르다면 신입생 때보다 오랜 시간을 들여서 다른 진로를 다시 살펴보고 결정해야 한다. 이런 경우라도 원래 자신이 결정하여 하던 공부를 계속하는 것이 옳을 수 있다는 가능성은 계속 열어두어야 한다.

이때 생각해야 할 것이 진로 변경을 고민하는 나이다. 대학 신입생은 웬만한 실수를 범해도 웃어넘겨주지만 졸업 전후의

20대 중반에게는 더 이상 어떤 결점이나 잘못도 주변에서 따뜻한 사랑으로 감싸주는 나이가 아니다. 따라서 나이가 들어서 고민하게 되는 진로의 변경은 더 조심스럽게 진행되어야 한다. 혹여 진로를 바꾸더라도 주변 사람들에게 자신이 도피하려는 생각에서 그러는 것이 아니라는 점이 충분히 인식될 수 있도록 시간을 들여서 고민의 과정을 보여주어야 한다. 그 이유가 무엇이든 한 번 진로를 크게 바꾼 사람은 또 변덕(?)을 부려서 진로를 바꿀 수 있다고 주변에서 생각할 것이기 때문이다.

시험 직전에 이 길은 내 길이 아니다 싶더라도 일단 시험에 합격하고 나서 진로를 바꾼다면 누가 보더라도 도피하려는 의도가 아니라는 것이 명백해진다. 당연하게도 행정고시에 합격한 후에 다시 유학 상담을 오는 제자는 아직 보지 못했다. 이미 합격한 행정고시를 버리고 장래가 불확실한 유학을 선택하기는 쉽지 않았을 테지.

경제학 키워드 **하이퍼볼릭 할인** hyperbolic discounting

현재가 미래에 비해 더 중요하게 여겨지며, 현재에서 멀어질수록 중요하게 생각하지 않는 인간의 심리를 설명하는 행동경제학 용어다.

서른까지는 공부에만 매진하라

소년은 늙기 쉽지만 학문은 이루기 어려우니　少年易老學難成

짧은 시간이라고 가볍게 여길 수 없도다　　　一寸光陰不可輕

　　송학(宋學)을 집대성한 중국의 대학자 주희의 '권학문(勸學文)'이다. 어릴 때 책에서 읽고는 마음에 들어서 공부방에 써두었다. 지금 돌이켜 생각해보면 이 문구에 담긴 진실의 무거움을 그때는 제대로 알지 못했던 것 같다.

　　유학을 여전히 망설이는 학생들이 하는 말이 있다.

　　"지금은 돈이 없고 일단 취직해서 경험도 쌓고 돈도 모은 후에 유학을 가려고 합니다."

이런 말은 미래를 내다보지 못하는 무지의 산물인 동시에 자기기만적인 표현이라는 생각이 든다. 나는 건강에 큰 이상이 있거나, 자신이 돈을 벌지 않으면 가족의 생계에 큰 어려움이 닥치는 경우를 제외하고는 망설이지 말고 유학을 가라고 권유한다. 이유는 다음과 같다.

첫째, 공부는 젊어서 해야 한다. 왜냐하면 인간의 두뇌가 시간이 갈수록 학습 능력을 잃어가기 때문이다. 비록 쥐 실험이지만 젊은 쥐에 비해 늙은 쥐가 학습 능력과 기억 능력이 현저히 떨어진다는 뇌과학계의 연구 소식을 전하는 언론 보도도 최근에 있었다. 중년을 넘어선 독자들은 대부분 동의할 것이다. 새로운 것을 기억하는 능력뿐 아니라 이미 알고 있는 내용도 쉽게 잊어버리고 있다는 것을.

하버드 대학교에서 박사 과정을 밟을 때, 대학원 '미시경제학' 과목의 대학원 조교를 했었다. 교수의 강의에서 이해하지 못한 부분이 있는 석사 과정 학생들에게 수업 내용을 다시 설명해주는 것이 임무였다. 학생들 중에는 나이 서른이 넘어서

입학한 학생도 있었는데, 수업을 제대로 따라오지 못하는 일이 반복되어 안타까웠다. 십년 후 나도 30대 중반이 넘어가자 조금 전에 들은 것을 자꾸 잊어버린다는 것을 알게 되었다. 계산도 마음만 앞설 뿐 머릿속은 그냥 멍해지는 일도 생겼다. 내가 20대에 1시간이면 할 수 있었던 공부가 30대에는 2시간이 걸렸고 40대 후반의 지금은 3시간이 걸린다. 또 하나의 문제는 체력이 떨어진다는 것이다. 20대에는 하루 10시간씩 공부해도 문제가 없었는데, 30대부터는 대여섯 시간만 공부해도 몸이 쑤시고 몸살이 났다. 나이를 먹을수록 시간당 학습 능력도 줄어드는데, 체력 저하로 학습 시간도 줄어들게 되니 공부하기가 점점 힘들어지는 것이다. 체력이 왕성하고 학습 능력이 높은 20대에 공부를 하는 것이 인생을 가장 효율적으로 사용하는 것이다.

나이를 먹어도 두뇌와 체력이 감퇴하지 않고 20대와 동일하게 유지되는 사람이 있다고 하더라도 공부는 20대에 하는 것이 옳다. 그 이유는 경제학에서 찾을 수 있는데, '투자 회수 기간'의 차이로 설명할 수 있다. 우리 인생에서 공부라는 행위 그 자체만 놓고 보면 당장은 돈을 벌기는커녕 오히려 돈을 쓰기만 하는 행위로서 생산 활동이 아니다. 공부는 대부분의 경우 미래의 생산을 늘려준다. 즉 중학교를 마치고 취직하면 당장 돈을 벌 수 있지만, 그렇지 않고 고등학교와 대학교까지 7년을 더 공부하고 취직을 하면 훨씬 좋은 직장에서 높은 임금을 받고 일을 할 수 있기 때문에 진학을 하는 것이다.

다시 말해서 공부는 미래의 높은 수익을 위해서 당장은 손해를 보면서 돈을 쓰는 투자 행위인 것이다. 그런데 올바른 투자의 필요조건은 높은 수익을 오랫동안 받아야 한다는 것이다. 중학교 졸업하고 7년간 더 공부해서 대학을 나왔는데도 취직이 안 되거나 취직이 되더라도 중학교 졸업자보다 임금이 높지 않다면 공부는 경제학적 측면에서 잘못된 투자인 것이다.

또 기껏 대학을 졸업해서 높은 임금을 받더라도 어떤 사정으로 불과 10년 근무하다가 더 이상 근무할 수 없는 상황이 된다면 그 공부 또한 올바른 투자였다고 보기 힘들다.

따라서 신체적 능력으로 보나 경제학적 투자수익률로 보나 공부는 일찍 시작해서 20대에 마무리 짓는 것이 좋다.

둘째는, 유학 자금이 모이는 것보다 더 큰 문제들에 봉착한다. 먼저 유학을 미루고 일을 해서 돈을 번다고 해도 돈 한 푼 없이 바로 유학을 떠나는 경우에 비해서 재정적으로 더 여유가 없을 가능성이 크다.

20대 중반에 바로 유학을 떠나서 공부를 한다면 작은 기숙사 방에서 소액이라도 장학금을 받아 생활이 가능하다. 생활비가 부족하다면 틈틈이 아르바이트를 해서 충당할 수도 있다.

그런데 돈을 마련하고 서른을 훌쩍 넘긴 나이에 유학을 가게 되면 결혼이 문제가 된다. 결혼 시기도 문제이거니와, 결혼해서 유학 가는 경우 부부가 생활하기 위해서는 작지만 아파트가 있어야 하고 세끼 식사 외에도 한 명이 공부할 동안 그 배우자가 일상적인 생활을 할 수 있는 비용이 필요하기 때문이다. 혹시 중간에 자녀라도 출생하면 그 비용은 상상을 초월하게 된다. 또한 자신이 나이를 먹는 만큼 부모도 연로해지는데 부모 봉양의 문제가 발생한다.

반대로 국내에서 계속 일을 하는 경우에도 유학 예산보다 돈이 부족한 상황이 이어지는 대부분의 학생들은 결국 유학을 못 가게 되거나 가정이 파탄 지경에 이르게 된다. 이것은 비단 유학에 국한되는 것이 아니고 다른 어떤 진로에도 적용되는 논리다.

경제학자들은 인생 전체를 놓고 계획을 세워야 한다는 '라이프 사이클 이론'을 믿는다. 이를 응용하여 우리 인생에서 공부 또는 자기계발의 최적 시기를 찾아보면 당연히 만 30세 이전이다.

이미 설명한 것처럼 서른 이전에는 학습 능력이 가장 뛰어난 시기여서 같은 노력을 들이더라도 훨씬 더 많은 학습과 자기계발이 가능하다. 아직 가족을 이루고 있는 상황이 아니라서 20대에는 돈을 벌지 못해도 고통이 최소화될 수 있다. 30대 또는 40대에 학습이나 자기계발을 하기 위해 노동의 시간을 줄이면 수입의 감소가 발생하고 자신뿐 아니라 가족 모두가 상당히 큰 고통을 떠안게 된다. 자기계발이 이루어진 후의 수입이 높아지는 것이 일반적인 현상이므로 최대한 빨리 자기계발을 마쳐야 더 오랜 기간 동안 그 열매를 즐길 수 있다. 그러하니 아무리 힘들다고 하더라도 적어도 만 30세까지는 돈 버는 것보다 자신의 가치를 높일 수 있는 공부에 매진하라.

경제학 키워드 투자 회수 기간 payback period

투자에 따른 수익이 최초 투자를 상쇄하기까지 걸린 시
간을 의미한다. 기업은 목표 회수 기간과 각 투자안의
투자 회수 기간을 비교하여 투자를 결정한다.

더 많은 보상을 받는
일을 하라

　'공부는 좋아해서 잘하게 되나, 아니면 잘해서 좋아하게 되나?'

　학창 시절에 이 질문에 대한 답이 많이 궁금했다. 전공에 대한 자세한 정보도 없이 대학에 진학한 친구들 중에는 학과 수업에 적응하지 못하고 흥미로운 다른 학과의 수업들만 들락날락했던 이들이 있다. 나 자신도 마음 한구석에는 '내가 만일 물리학이나 생물학을 했더라면 더 즐겁지 않았을까? 아니면 역사학?' 이런 식의 고민을 잠시 한 적도 있었다.

　'하기 싫지만 잘하는 일을 하는 사람과 못하지만 좋아하는

일을 하는 사람 중 누가 더 행복할까?'

이 역시 많은 사람들이 갖고 있는 질문이다. 이론적으로 판가름하기는 힘들다. 능력이 부족하여 사회적으로 인정받지 못하고 원하는 만큼의 소득도 얻지 못하지만 너무나도 좋아하는 일을 하는 상황과, 죽도록 하기 싫지만 그 분야에서 능력이 출중하여 사회적으로 인정받고 금전적으로도 큰 이득을 올리는 상황 중 어느 쪽에서 행복감을 더 느낄까. 이는 각자가 판단할 문제임에는 틀림없다.

이 문제를 먼저 실용적 측면으로 따져보자. A라는 사람이 있다(성별, 나이, 사회적 지위 등은 한정하지 않겠다). A는 수제 구두를 제작하는 데 남다른 능력을 가지고 있다. 두 시간마다 한 켤레의 구두를 만들 수 있고, 한 켤레를 만들 때마다 비용을 제외하고 10만 원의 이익을 남길 수 있다. 하루 여덟 시간 일해서 네 켤레를 만들면 40만 원을 버는 셈이다. 30일을 꼬박 일하면 1200만 원의 월 소득이 생긴다.

그런데 사실 A의 소원은 구두가 아니라 수제 의자를 제작하는 것이다. 의자 역시 두 시간에 한 개씩 만들 수 있는데, A

는 의자 만드는 일에 소질이 없다. 의자를 만들면 오히려 원가보다 낮은 가격으로밖에 팔 수 없다. 의자 하나를 만들어 팔면 오히려 5만 원의 손해를 보게 된다. 여덟 시간 일해서 의자 네 개를 만들면 하루 20만 원, 한 달이면 600만 원 손해를 본다.

의자 만드는 일이 아무리 좋다고 해도 돈을 벌지는 못할망정 손해를 봐가며 언제까지 의자를 만들 수 있을까? 궁핍의 고통을 고려하지 않는 특이한 성격의 사람이라도 생계 위협을 받으면서까지 하고 싶은 일을 계속 이어갈 사람이 몇이나 될까?

이번에는 가치적 측면으로 따져보자. 사람들은 한정된 삶을 살기 때문에 가장 가치 있는 일을 하면서 살고 싶다는 욕구가 크다. 나 역시 나이가 들수록 남은 시간 동안 어떤 일을 하는 것이 인생을 가장 가치 있게 사는 것인지에 대해 고민하는 일이 많다. 지금보다 강의를 더 늘리거나 연구에 더 많은 시간을 쓸 수도 있고 아니면 사회 활동을 더 늘릴 수도 있다. 수년 전에 나는 특별히 양심과 법에 걸리는 일이 아니면 금전적 보수가 더 많은 쪽을 선택하기로 하였다. 단순히 돈을 더 벌겠다는 의미가 아니다. 사실은 내가 받는 돈 이상의 가치를 누구에게 준다는 의미가 되기 때문이다. 어떤 일이 더 가치 있는가를 철학적으로 따지기 시작하면 아마 죽는 날까지 결론이 나지 않을 수 있다.

실용성을 추구하는 경제학은 이런 경우에 돈을 더 주는 쪽을 선택하라고 조언한다. 내가 연구할 때보다 강의할 때 더 많은 돈을 받는다면 사회 일반적인 인식이 전자보다 후자일 때 더 많은 가치를 창출한다고 알려주는 것이기 때문이다.

마찬가지로 어떤 일을 하게 됨으로써 오히려 돈을 잃는 상황이 생긴다면 사회 일반적으로는 그 일이 사회에 해로운 것이 된다. 앞의 예에서 A가 의자를 만드는 기술을 연마하고 노력하여 이제는 의자 하나를 만들어 팔면 5만 원의 이익을 보게 되었다고 가정해보자. 여덟 시간 일해서 의자 네 개를 만들면 하루 20만 원, 한 달이면 600만 원을 번다. 그렇더라도 A는 구두를 만들어 팔아서 1200만 원을 벌 때와 비교하면 사회적으로 매달 600만 원을 낭비한다는 의미다.

같은 물건을 놓고도 사람들마다 느끼는 가치는 다를 것이지만, 그 가치들을 평균해서 나온 것이 바로 가격이다. 그래서 가격은 평균적 또는 객관적 가치다. 반면에 사용 가치를 유지하면서 한 재화를 다른 재화로 대체할 때 그 두 재화 수량 사이의 비율인 한계대체율은 개인마다 다르다. 그래서 한계대체율은 개인적 또는 주관적 가치다. 경제학은 가격과 한계대체율이 같아질 때 가치가 높아진다고 말하는 학문이다. 철학자로부터 너무 무지(無知)하다는 비난을 받을지 모르지만 경제학이 가치에 대해 던지는 메시지는 의외로 간단하다.

경제학 키워드 한계대체율 marginal rate of substitution

효용 수준이 일정하다는 가정에서 A와 B라는 재화가 있다고 했을 때, 한 단위의 A재화를 얻기 위해 포기해야 하는 B재화의 양을 말한다.

슬럼프에 시작하는
연애는 폭탄이다

미국의 한 과학 잡지에서 읽은 내용이다. 보통의 쥐와 거세한 쥐의 성장을 비교하는 실험에서, 성적 부위가 제거된 쪽이 훨씬 오래 산다는 결과가 나왔다. 인간의 경우에는 동물실험이 불가능하지만, 사고 등의 여러 가지 이유로 성적 호르몬이 나오는 부위를 젊어서 잃게 된 사람들이 많게는 10년 정도 더 오래 사는 경향이 관찰되었다고도 그 잡지는 말했다. 그 기사를 읽으면서 조선 시대의 내시들이 일반인보다 오래 살았는지 궁금했었다. 최근의 신문 보도에 따르면 역사 속에 등장하는 내시들의 수명이 일반 양반들에 비해서 14년 정도 길었다고 한다. 결국은 생명을 만드는 사랑의 에너지가 수명에도 영향을 미치는 것이라 봐도 무리가 아닐 것이다.

'연애, 사랑'과 관련해서 요즘 말로 '웃픈' 것은, 10대부터 20대에 이르는 시간이 인생에서 공부를 가장 많이 해야 하는 중요한 기간이면서 동시에 이성과 사랑에 대한 관심이 급속도로 높아지는 때라는 사실이다. 누군가가 인생을 참 어렵게 만들어 놓았다는 생각이 든다.

학기 말에 풀이 죽은 채 찾아와서 성적이 급격히 하락했다고 상담을 하는 학생에게 내가 꼭 묻는 말이 이성 교제를 했었냐는 것이다. 그럼 대개 십중팔구는 그렇다고 한다. 굳은 결심으로 유학을 갔다가 실패하고 돌아오는 학생들의 비율이 10퍼센트를 조금 넘는데, 많은 경우가 유학 중 이성 교제를 했다가 실패한 이들이다.

이성 교제라는 것이 항상 순탄하지만은 않다. 아무리 좋아하는 사이라고 해도 시간이 흘러 익숙하거나 권태를 느끼면 툭탁거리며 싸우게 되고 심적인 동요를 일으켜 일상이 깨지기 쉽기 때문이다. 물론 이성 교제가 학업이나 취업에 방해가 된다

고 말하는 것은 아니다. 그 자체가 인생의 목적이나 과정이 되기도 하니까. 다만 성공으로 가는 여정과 이성 교제 사이에는 묘한 불일치가 존재한다는 점을 말하고 싶을 뿐이다.

이성 교제를 너무 열심히 하다 보면 공부나 일에 대한 노력이 부족해질 수 있다. 좋은 직장에 취직하지 못하고 취직해도 승진이 안 되면 어떻게 되겠는가? 물론 그런 세속적인 성공과 관계없이 사랑이 지속된다면 모를까, 성공하지 못하고 경제적으로 안정된 가정을 이룰 수 있을지 의심이 들 때 헤어지는 커플들을 많이 봐왔다. 이성 교제의 종착지인 결혼을 놓고 보면 사랑뿐 아니라 성공적인 커리어가 필요한 이유다. 문제는 이성 교제가 성공적인 커리어를 만드는 데에 도움이 되지 않는다는 모순을 안고 있다는 것이다.

이런 경우도 있다. 고시나 창업, 취업 등으로 크게 성공하여 학생 때와는 다른 위상을 갖게 되면 새로운 이성들로부터 관심을 받게 되면서 흔들리는 경우가 많다. 오랜 커플이 깨지기도 한다. 또한, 아직 취업이 되지 않아서 수입이 없는 남성과 결혼할 여성은 거의 없고, 그런 상태로 결혼을 마냥 미루면서 사귄다는 것도 쉬운 일이 아니다.

사랑을 이성적 학문인 경제학으로 분석하면 안 된다는 것을 잘 알고 있다. 혹시라도 사랑을 경제학적 계획으로 실행하고 싶다면 이렇게 해보자. 우선 이성 교제를 피하고 공부를 하든지 일을 하기 위한 준비를 하면서 20대 초반과 중반을 보낸다. 그러다가 어느 정도 목표를 달성하고 취업도 된 후에 이성 교제를 해서 결혼에 이르는 것이다. 이런 스케줄을 따르면 공부 과정에서 이성 교제의 방해를 받지 않을 수 있고, 일단 성공한 뒤에는 보다 넓은 폭의 이성들과 교제할 수 있는 확률이 높아져서 좋다. 인생을 경제학적으로 최적의 설계를 해본다면 일단 공부하고 나중에 이성을 사귀는 것이 답일 것이다.

　　경제학에는 '컨섬션 스무딩(consumption smoothing)'이라는 개념이 있다. 굳이 번역하자면 '소비 평탄화'쯤 될 것이다. 사람이 살아가면서 돈을 많이 버는 시기가 있고, 또 돈을 적게 버는 시기가 있다. 돈을 적게 번다고 소비를 확 줄이고, 많이 번다고 확 늘리는 것이 쉽지 않다. 돈을 많이 벌 때 저축을 늘리고, 적게 벌 때는 저축한 돈을 쓰거나 더 나아가 돈을 빌려서 소비를 일정하게 유지하고자 한다는 이론이다.

　　공부 또는 일이 잘 안 되는 상황에서는 대개 수입이 줄어드는데, 이때 이성 교제까지 시작한다면 금전적으로도 엄청난 부담을 느끼게 된다. 결코 이성 교제를 통해서 소비를 늘릴 시기가 아닌 것이다. 차라리 위기를 극복하고 성공을 이룬 다음이 이성 교제를 하면서 소비를 늘릴 수 있는 적절한 시기임이 분명하다.

사람들은 스스로가 힘들다고 느낄 때 누군가 기댈 대상을 찾는다. 미래에 대한 확신이 줄어들고, 노력만큼 학교 성적이 오르지 않고, 가족과의 관계에서 문제가 생기고, 직장에서 능력 발휘가 되지 않거나 하면 비슷한 처지의 친구에게 마음 털어놓고 이야기하며 위로를 받는다. 외롭다고 느낄 때 옆에서 이야기를 들어주는 이성에게 끌리는 것은 당연하다. 그런데 문제는 상대방도 같은 처지일 경우다. 서로 의지하고 싶은 두 사람이 만나 도우면서 세상을 헤쳐나갈 수도 있다. 하지만 십중팔구는 서로 의지가 되기는커녕 도움만 받으려고 하다가 다툼으로 이어지고 그 결과 원래 자신이 가지고 있던 문제가 더 커지게 된다. 둘 다 결과가 좋기 어렵다. 유학에서 실패하고 퇴학당하는 학생들을 보면 성적이 오르지 않는 와중에 이성을 사귀

다가 성적과 이성 교제 모두에 실패하게 된 경우였다. 젊은 날에 이런 실패도 좋은 경험이라고 생각한다면 할 말은 없다. 사실 그럴 수도 있다.

하지만 자신의 일이 잘 풀리지 않는다고 일과 전혀 상관없는 이성 교제에서 위로나 답을 얻으려는 마음이 있다면, 그건 기름통을 등에 지고 불길에 뛰어드는 격이라는 점만은 알기 바란다. 아무래도 모르고 뛰어드는 것에 비해서는 생존 확률이 높지 않을까 해서다.

경제학 키워드 소비 평탄화 consumption smoothing

'돈을 많이 벌 때 저축을 늘리고, 적게 벌 때는 저축한 돈을 쓰거나 더 나아가 돈을 빌려서 소비를 일정하게 유지한다'는 이론이다. 부채가 있는 사람이 미래에 소비할 것을 현재에 소비하는 경향을 일컫기도 한다.

혼밥, 혼술도 계획하라

대부분의 학생들은 고등학교에서 새 학기가 시작될 때마다 계획표를 만들어 놓고 공부를 한다. 그런데 대학에 들어오면 계획표를 세워서 공부하는 경우가 흔치 않다. 자유로운 대학 생활과 갑갑한 계획표는 서로 어울리지 않는다고 생각하기 때문이다. 하지만 고등학교 때보다 더 필요한 것이 대학 생활의 계획표다. 대학 생활은 자신의 이름을 알고 있는 교수도 거의 없고, 수업에 들어가지 않아도 이를 눈치채는 사람도 없고, 수업 시간 자체가 완전히 불규칙하기 때문이다. 자칫 생활의 리듬을 잃으면 시나브로 나태한 삶에 빠지기 십상이다. 그래서 나는 대학생 시절에 매일 몇 시에 일어나서 언제 등교하고 언제 식사하고 언제 귀가할지에 대한 계획표를 세운 것은 물론, 한 달 또는 두 달 단위로 어떤 분야의 공부를 어느 날에 할지를 정해 놓는 식으로 일 단위와 월 단위의 두 가지 계획표를 짜서 생활했다.

경제학이라는 학문도 알고 보면 계획이 아주 중시되는 학문 분야다. 우리가 잘 알고 있는 수요곡선과 공급곡선도 실제로 소비자가 구매하고 생산자가 생산하는 것을 나타낸 것이 아니고, 오히려 소비자의 소비 계획과 생산자의 생산 계획을 나타내는 개념이다. 어떤 소비자가 고등어 한 마리를 사려 할 때 고등어 가격이 4000원이면 3마리를 사고. 5000원이면 2마리만 산다는 식으로 마음속의 계획을 적어놓은 것이 수요곡선이다. 고등어 가격이 정해진 후에 몇 마리를 살지 결정하는 것이 일반적일 것이지만 경제학은 너무 계획을 좋아하는 학문이라서 가격이 정해지기도 전에 계획을 세운다. 이것이 바로 '수요와 공급 곡선'이다.

계획표가 필요한 이유를 스포츠에 비유해서 설명해보자면,

운동선수들의 영상 활용과 연관이 있다. 올림픽 대표 선수든, 프로야구 선수든 운동하는 모습을 영상으로 찍어 보면서 고쳐야 할 점들을 찾아낸다. 투구가 순식간에 이루어지기 때문에 투구 자세의 작은 문제는 관찰하기가 어렵고, 코치가 선수의 투구 자세를 보고 문제점을 찾아내더라도 결국 이를 깨닫고 고쳐야 하는 선수는 공을 던지는 자신의 모습을 관찰할 수가 없기 때문이다.

공부하는 사람에게 있어서 계획표가 운동선수의 영상 자료와 같은 역할을 해준다. 갑자기 이번 학기 시험에서 성적이 떨어졌다. 지난 학기에는 잘 나왔던 성적이 어째서 떨어졌는가? 마음속으로는 몇 가지 원인을 짐작하겠지만, 지난 학기와 이번 학기의 생활을 정확히 비교해보기 전에는 알 수가 없다. 지난 학기와 이번 학기 모두 계획표를 작성해서 생활했고, 계획을 제대로 실천했는지 아닌지를 기록해 놓았다면 그것들을 비교해보면 보다 정확한 답을 찾을 수 있다. 이렇듯 계획표는 자기 생활을 뒤돌아볼 수 있는 거울과 같은 역할을 한다. 따라서 계획표를 만들어서 실천하는 생활과 계획표 없는 생활은 훗날 그 결과가 완전히 달라질 수밖에 없다.

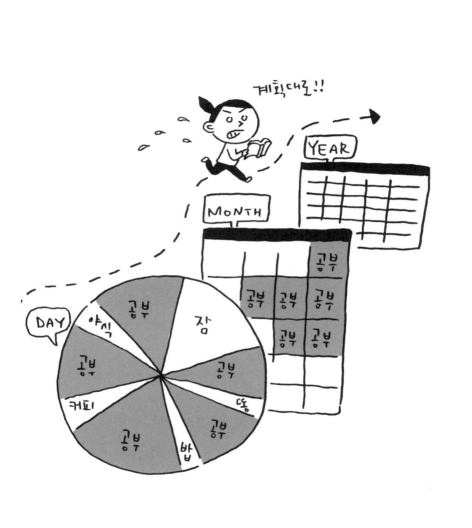

물론 계획은 현실에 맞게 바뀌기도 한다. 이는 자신에게 가장 적합한 생활과 공부의 패턴을 찾아나가기 때문이다. 대학교에 진학하거나 직장에 취직하면 계획을 세우려고 해도 대학 수업이나 회사 업무에 대한 정보가 없어서 정확한 계획을 수립하기 어렵다. 그렇다고 계획 없이 살면 안 되고 최대한 정보를 수집하여 얻은 것을 바탕으로 계획표를 일단 세우고 생활을 시작해야 한다. 당연히 수업이나 업무에 대한 정보가 부족한 상태에서 세운 계획이므로 곧바로 현실과 일치하지 않는 점이 발견될 것이고, 그러면 그때마다 현실에 맞도록 계획표를 변경해 나가면 된다. 대개 수개월에서 1년 정도가 지나면 자신의 대학 생활이나 회사 생활에 딱 알맞은 계획표를 세울 수 있게 된다.

지금은 세계적으로 유명한 교수가 된 대학 선배의 전설처럼 전해 내려오는 일화가 있다. 이 선배가 대학원 수업을 듣고 있을 때다. 어느 날 수업이 끝나고 담당 교수께서 밥을 사줄 테니 모두 같이 식당으로 가자고 하셨다. 학생들은 환호를 지르며 기뻐했다. 반면 이 선배는 잠시 망설이다가 당당히 손을 들고 교수께 말했다.

"교수님, 저는 오늘 식사를 같이 할 수 없습니다. 제 계획표에 따르면 저는 바로 도서관으로 가서 공부를 시작해야 하기 때문입니다."

이런 생활 계획표와는 별도로 아주 장기적인 계획도 세워야 한다. 예컨대, 향후 10년 계획 말이다. 대학의 예를 들어보면, 향후 수년간 어떤 과목을 수강하고 어떤 순서로 공부를 할 것인지를 미리 생각하고 계획하는 것이 중요하다. 학과에 따라서는 A라는 과목을 듣기 위해서는 B라는 과목을 미리 들어야 자격이 생기는 경우도 있다. 경제학과 학생 중 대학원 진학을 생각하는 경우라면 수학 과목들을 들어야 한다. 미적분학을 들어야 해석학을 들을 수 있는데 2학년 때는 미적분학을, 3학년 때는 해석학을 수강하는 식으로 미리 계획을 세워야 한다.

장기 계획은 대학 수업을 차례로 듣기 위한 것만은 결코 아니다. 자신이 세운 목표를 달성하기 위해서 통과하거나 경험해야 하는 것들을 미리 파악하고, 수년에 걸쳐 하나씩 달성해 나가는 것이 더 중요하다.

예를 들어, 경제학과 학생이 유학을 가기 위해서는 늦어도 2학년 때부터는 경제학과 수학 그리고 통계학을 차례로 듣기 시작해야 한다. 3학년 때부터 시작하면 반드시 들어야 하는 과목을 놓치게 된다. 토플이나 GRE 등의 시험도 매일 있는 것이 아니고 때로는 해외에 나가서 봐야 하는 경우가 있으므로 미리 신청해 놓아야 한다. 로스쿨 진학이나 행정고시 응시 등도 수년 전부터 어떤 공부와 어떤 점수가 필요한지를 파악해서 준비해야 한다. 서류 하나가 준비가 안 되어 1년을 허송하게 될 수 있다. 많은 경우 진학이든 취업이든 대졸 예정자와 대졸 후 1년 무직자는 조금 다른 대우와 시선을 받는다. 남학생의 경우, 군대 역시 마찬가지로 계획해야 한다.

나는 2년 3개월 군 복무를 하고 병장으로 만기 전역했음에도 만 30세에 박사 학위를 취득했다. 이는 당시에 아버지의 조언으로 장기 계획을 세웠기에 가능한 일이었다. 나는 1991년 2월에 대학을 졸업했지만, 이미 1월 초에 입대를 했다. 당연히 2월의 대학 졸업식에는 가지 못했다. 4학년 2학기 기말시험이 끝나고 2주 후에 입대를 했는데, 우연히 1월 초에 입대한 것이 아니라 내가 미리 지원을 했었다. 그래야 1993년 4월에 전역을 하고, 여름에 유학길에 오를 수 있기 때문이었다. 당시 내가 파악한 바로는 내 생년월일의 경우 1월 입대 아니면 7월 입대였다. 만약 7월에 입대하게 되면 1993년 10월에나 전역하게 되어 그 다음해 여름까지 기다려야 한다는 계산이 나왔다. 졸업식 참석을 위해 1년을 희생할 수 없었다.

더불어 유학이 가능했던 이유는 내가 군 입대 전에 이미 GRE와 토플 시험을 봐 놓았기 때문이다. 1990년 2월부터 시험을 보기 시작해서 1991년 1월 군 입대할 때에는 좋은 점수를 받아 놓은 상태였다. 군대의 정기 휴가를 1992년 11월경에 받아서 그 기간 동안 교수 추천서를 받는 등 유학 지원 서류를 준비해서 미국의 대학들에 지원을 했다. 내가 전역했던 1993년 4월경에는 미국 대학들의 합격 통지서를 받아볼 수 있었다. 즉, 1993년 8월에 미국 유학을 가기 위해서 4년 전인 1989년에 장기 계획을 세운 것이다. 1989년 12월부터 GRE와 토플 시험을 봐서 입대 전까지 좋은 점수 받기, 1991년 1월 입대, 마지막 정기 휴가 때 유학 지원, 1993년 4월 전역, 8월 유학길 등의 로드맵이었다. 그 결과 나는 동기들보다 수년 먼저 박사 학위를 받았고, 먼저 교수가 되었다.

장기 계획을 세워서 산다는 것이 갑갑해 보일 수 있다. 하지만 분명한 것은 미리 계획을 세워서 깜박 놓치고 가는 것 없이, 시간 낭비 없이 젊은 시절을 사는 게 그렇지 않은 삶보다 두세 걸음 앞서 갈 수 있다. 장기 계획을 세운다는 것은 자신의 목표를 설정하고 달성하기 위한 방법을 모색하고 정보를 수집하는 작업이 선행된다는 것을 의미하기 때문이다. 아, 당연히 단기 계획은 기본이다.

경제학 키워드 수요와 공급 demand and supply

미시경제학에서 개별 상품 판매자와 구매자의 시장 관계를 나타내는 용어다. 수요와 공급 모형은 시장에서 거래되는 재화의 양과 시장에서 형성되는 가격을 결정하고 예측한다.

인생은 결코
'한 방'이 아니다

가끔 4학년 학생들의 진로 상담을 할 때 더 이상 할 수 있는 일이 별로 없어 답답한 마음이 든다. 결국 "1, 2학년 때 학점 신경 좀 쓰지 그랬니?"라는 책망과, "학점이 이렇게 중요한지 몰랐어요. 1학년 입학했을 때 누가 알려줘으면 좋았을 텐데."라는 후회로 상담이 마무리된다.

은행이나 기업이 가장 골치를 썩는 것 중 하나가 과거의 불량 채권이다. 지금부터 잘 할 수 있고 열심히 하려는 의욕도 있지만 과거의 잘못으로 빚이 있든지, 문제가 계속 이어지고 있다면 현재와 미래도 같이 어려워지기 때문이다. 현재 한국의 조선 사업이 어려운 것도 과거에 석유 시추 장비와 같은 고가 장비를 많이 주문을 받아 생산하고 있었는데 갑자기 석유 가격이 하락하여 시추선에 대한 수요가 줄어들어서 만들어 놓은 시추선이 팔리지 않기 때문이다.

1, 2학년 때 학점 관리를 하지 않는다면 취직을 앞둔 4학년이 되었을 때 학점이 마치 불량 채권이나 팔리지 않는 시추선과 같은 존재가 되어 앞길을 막을 수 있는 것이다. 그래서 대학에 갓 들어온 신입생들에게 항상 '첫째도 학점, 둘째도 학점, 셋째도 학점'이라고 강조한다. 이렇게 이야기하는 나도 내가 제대로 된 교육자인지 의문이 드는 것도 사실이다. 하지만 아무리 강조해도 모자랄 만큼 정말 학점이 중요하다.

바람직한 방향인지 아닌지 모르겠지만, 최근 십여 년간 우리 사회는 단시간에 인생 역전이 가능하지 않은 사회로 변해가고 있다. 역전이 아예 불가능하다는 것은 결코 아니다. 하지만 입시나 취업 시장을 보면 이해가 된다. 고등학교 1, 2학년 때 공부를 게을리하던 학생이 3학년 때 정신을 차리고 공부해서 서울대학교를 들어갔다는 말을 전에는 동네마다 심심치 않게

들을 수 있었는데 이제는 정말 듣기 힘들어졌다. 그 이유는 고등학교 1, 2학년 내신과 교내외 활동이 모두 대학 입시에 영향을 주기 때문이다. 어느 제도가 더 좋은 제도인가는 여기서 논의할 주제가 아니다. 내가 지적하고 싶은 것은 고려 광종이 과거제도를 시행한 이후 1000년간 단 하루의 시험 결과로 당락이 결정되던 대한민국의 입시가 학교생활 수년간 쌓아온 내신에 따라서 결정되는 것으로 급격히 변경되고 있다는 점이다.

대학 입학뿐 아니라 취업 시장에서도 마찬가지다. 대표적인 예가 사법시험 폐지다. 사법시험의 특징은 법대생이든 공대생이든 이 시험에 합격만 하면 법조인이 될 수 있다는 것이다. 그런데 지금은 어떠한가? 로스쿨이라는 법학전문대학원을 졸업해야 변호사 시험 자격이 생긴다. 로스쿨 진학을 위해서는 LEET(법학 적성 시험)뿐 아니라 공인 영어 성적(토익, 토플 등)과 대학 4년간의 학점이 정말 좋아야 한다. 대학 3학년 때 법조인이 되겠다고 마음을 먹으면 대부분의 경우 이미 너무 늦다. 1학년 신입생 때부터 로스쿨을 염두에 두고 학점을 관리해야 한다.

이렇게 생각해볼 수가 있다. 대학 입시에서 중요한 것은 내신 또는 수능 점수다. 내신이 좋으면 수시로, 수능 점수가 좋으면 정시로 합격이 가능하다. 비록 수시로 선발하는 인원이 정시보다 많지만 말이다. 그러면 대학을 졸업하고 박사 과정에 가거나 로스쿨에 가거나 공기업 등의 회사에 들어갈 때 고등학교의 내신과 수능에 해당하는 것은 무엇이겠는가? 내신에 해당되는 것은 당연히 학점이다. 반면에 수능에 해당되는 것은 없거나 분명치 않다. 다만, 공무원이 시험이나 고시만이 아직도 유일하게 학점을 보지 않고 단 하루에 치르는 시험 성적으로 당락이 결정된다. 그렇다 보니 학점 관리가 되지 않은 무수한 인재들이 몰려들어서 살인적인 경쟁률을 보이고 있는 것이다. 수백 대 일의 경쟁률을 가진 시험에 통과하는 것을 인생의 목표로 삼는다면 행복할 리는 없을 것이다.

우리 사회는 점점 더 미리부터 인생의 계획을 세우고 오랜 기간 꾸준히 노력해서 성과를 얻는 사람을 선호하는 방향으로 바뀌고 있다.

아니 이미 그렇게 바뀌었다. 이런 상황을 파악하지 못하고 대학에 들어와 자유와 낭만을 찾으면서 1, 2년 놀다가 정신 차려보면 이미 대부분의 진로가 막혀 있는 자신을 발견하게 된다. 나는 매년 모든 신입생들에게 이렇게 당부한다.

"대학에 막 입학한 신입생 여러분들, 축하합니다. 자, 이제 흥분을 가라앉히고 빨리 공부 시작하세요. 대학의 학점은 여러분 인생에서 얻는 마지막 성적표입니다. 학점 관리는 1학년 1학기 3월부터 시작해도 결코 빠르지 않습니다. 신입생 환영회도 좋지만 그보다도 빨리 공부를 시작하고 중간고사를 준비하기 바랍니다."

경제학 키워드 고정비용 fixed cost 불량 채권 bad dept

고정비용은 시설의 존재와 유지에 관련되어 있는, 기업의 생산량이 변화해도 단기적으로 변동이 없는 비용을 말한다.

불량 채권은 회수가 어려운 채권이다. 좁은 의미에서는, 은행 등의 금융기관에서 볼 때 돈을 빌려준 기업이 도산 등의 이유로 회수가 어려울 가능성이 높은 자금을 말한다.

부모님께 성적을
공개하라

　　내가 몸담고 있는 학교에서는 어떤 학기든 평균 학점이 C-
이하면 학사 경고를 받는다. 재학 중 학사 경고를 3회 받게 되
면 퇴학을 당한다. 그런 경우 다시 대학에 들어가기 위해서는
입학시험 역시 다시 치러야 한다. 게다가 퇴학을 당한 대학에
는 다시 들어갈 수가 없다.

　　학부모들은 사실 학사 경고의 무서움을 잘 모른다. 30년 전
에는 대부분의 대학에서 퇴학 조건이 학사 경고를 3회 연속으
로 받는 것이었기 때문이다. 예를 들어, 30년 전의 한 대학생
이 2학년 1학기와 2학기 모두 학사 경고를 받았다고 하자. 그

런데 3학년 1학기에 정신 차리고 열심히 공부를 해서 학사 경고를 받지 않으면 3학년 2학기에 또다시 학사 경고를 받아도 퇴학이 되지 않는다. 반면 지금의 대학생들은 연속이든 아니든 학사 경고의 누적 횟수가 3회가 되면 무조건 쫓겨난다.

30년 전에도, 현재에도 학사 경고로 인한 퇴학이 매년 꽤 발생하고 있다. 면담을 해보니, 학사 경고를 받게 되는 이유도 다양했다. 부모와 다투고 집을 나와 직접 생활비와 학비를 벌어야 하니, 결국 학교 수업을 반 이상 결석하여 전 과목 F 학점을 받은 경우도 있었다. 공부보다는 인생의 의미를 알고 싶어서 교회나 절을 돌아다니다가 수업에 안 들어와서 학사 경고를 받은 학생도 있었다. 또, 학사 경고를 받은 학생들의 70~80퍼센트는 저학년들인데, 고등학교를 졸업하고 대학에 들어왔다는 해방감에서 공부를 소홀히 하고 놀다가 받게 되는 경우다. 특히 동아리에서 친구들과 술을 마시며 놀거나, 동아리 행사로 며칠 밤을 새며 시험에는 백지를 내는 경우가 많다. 이밖에도 대인 관계의 불화, 개인적인 질환 등의 이유가 있었다.

내가 말하고 싶은 것은 학사 경고를 받기 전에 공부를 열심히 하자는 당연한 말이 아니다. 학사 경고를 받은 학생이 결국 퇴학을 당할 것인가, 아니면 극복하고 졸업을 할 것인가를 가르는 가장 중요한 것이 두 번째 학사 경고의 여부에 달려 있다는 것이다. 학사 경고를 두 번 받은 학생은 세 번째 학사 경고를 받을 확률이 상당히 높기 때문이다. 자, 어떻게 해야 두 번째 학사 경고를 피할 수 있을까? 공부를 열심히 하겠다는 다짐일까? 여기 신비한 묘책이 있다. 바로 학사 경고를 받았다는 사실을 부모께 말씀드리는 것이다.

학사 경고 누적으로 퇴학을 당하는 학생들 중 일부의 부모는 학교에 간혹 찾아온다. 놀랍게도 그 학부모는 자녀가 이미 두 번이나 학사 경고를 받은 적이 있다는 사실을 까맣게 모르고 있었다. 자녀가 고등학생일 때에는 분명히 열성적으로 자녀의 성적을 과목별로 챙기셨을 텐데, 다 큰 성인이라 생각해서 한 번도 대학생 자녀의 성적표를 챙겨 보지도 않았다. 그저 공부 잘하고 있을 것이고 얼마 후면 대학을 졸업해서 좋은 직장을 얻을 것이라고만 생각하고 있었던 것이다. 그런데 자녀가 대학에서 퇴학을 당했다는 청천벽력 같은 이야기를 듣고 얼마나 큰 충격을 받았을까, 내가 괜히 죄송한 마음이 들게 된다.

정보의 비대칭성 문제를 없애기 위해서도, 부모에게 성적이 좋든 나쁘든 꼭 보여드리는 것은 학생 자신에게도 좋다. 그것은 자식이 아니라도 인간으로서 해야 할 도리라고 생각된다.

나는 학사 경고를 받은 학생들을 면담할 때마다 항상 부모에게 알렸는지를 묻는다. 만약 그렇지 않았다면 내가 보는 앞에서 당장 부모께, 특히 아버지께 전화해서 학사 경고를 받은 사실을 말씀드리라고 한다. 그러면 '아버지가 이 사실을 아시면 오늘 밤 맞아 죽는다'며 버티는 학생, '부모님께 며칠 내로 알릴 테니 시간을 달라'며 우는 학생 등 여러 가지 반응이 나오지만, 그래도 나는 당장 전화를 하도록 한다.

경제학에는 '대리인 문제'라는 것이 있다. 아주 간단히 설명하면, 어떤 가게에서 일하는 점원은 대부분 그 가게의 주인이 원하는 만큼 열심히 일하지 않는다는 이론이다. 가게라는 말을 정부로 바꾸면, 공무원은 정부의 주인인 국민의 생각에 만족할 만큼 열심히 일하지 않는다는 이야기도 된다. 어쨌든, 부모와 학생도 그렇다. 대부분의 부모는 기대만큼 자녀가 열심히 공부한다고 생각하지 않는다. 사실 많은 학생들도 부모 앞에서는

공부하는 척하면서 몰래 친구와 문자를 하거나 인터넷 서핑을 한다. 공부하러 나간다고 해놓고 친구들과 술을 마시기도 한다. 때문에 부모의 의심은 잘못된 것이라고 하기 어렵다. 대리인 문제로 비유하자면, 점원(학생)이 주인(부모) 몰래 꾀를 부리다 큰 사고(학사 경고, 퇴학)가 난 것이다.

물론 큰 사고를 낸 대리인이 스스로 해결할 수 있으면 좋겠지만 대부분의 경우 해결은 주인만이 가능한 것이다. 대리인은 해결을 못하고 당장 숨기는 능력밖에 없다.

결국 대리인이 주인에게 사실을 털어놓을 때, 정보를 공개할 때 해결의 실마리를 찾을 수 있다. 부모에게 학사 경고를 받은 사실을 알린 학생은 그 이후로는 절대 학사 경고를 받지 않게 된다. 최후의 보루인 부모에게 솔직히 상의 드리는 것이 대부분의 경우 좋은 결과를 가져온다. 대학이 아니라 박사 과정에 들어가더라도 반드시 매 학기 성적을 공개하길 바란다.

정보의 비대칭성 asymmetric information

대리인 문제 agency problem

정보의 비대칭성은 경제적 이해관계를 가진 당사자 간에 한쪽에만 정보가 존재하고 다른 한쪽에는 없는 상황을 말한다.

대리인 관계는 한 개인 또는 집단이 자신의 이해에 직결되는 일련의 의사 결정 과정을 타인에게 위임할 때 성립되며, 여기서 주인과 대리인 간의 정보 불균형과 감시 불완전성 등으로 역선택하여 도덕적인 위험이 존재하게 되는 문제를 말한다.

삶과 꿈

모든 것을 걸어야 이긴다

인생을 어떻게 사는 것이 좋을까? 저마다 다른 답을 하겠지만, 인생은 언젠가 죽음으로 끝난다는 것은 확실하다. 그리고 대부분 100년을 채우지 못하고 끝나는 '유한 인생'인 것이다. 경제학의 게임이론에서는 끝이 있는 상황을 '유한 게임'이라 하고, 끝이 없는 상황을 '무한 게임'이라 한다. 경쟁자가 취하는 전략의 수가 전자는 유한하고, 후자는 무한하다. 당연히 전자와 후자에서의 기업 행동은 천지 차이가 날 수밖에 없다. 과연 우리는 과연 유한 게임의 상황임을 충분히 인식하고 인생 전략을 세우고 있는 것일까.

경제학만을 공부해온 나는 꼼꼼하고 걱정이 많고 소심하다. 나는 아내와 80세까지 살 경우, 90세까지 살 경우, 100세까지 살 경우에 대해 각각 예측을 하고 연금, 저축, 투자 계획을 세우고 있다. 또한 내가 70세에 죽고 아내가 100세까지 살 경우와 같이 여러 가지 시나리오를 생각하고, 어떤 경우라도 기초적인 삶이 가능하도록 저축과 소비 계획을 세우고 이를 준비하고자 노력하고 있다. 물론 결혼 후 매일매일 가계부를 적고 있다. 매사에 사고 없도록 조심조심하고 잘못하다가 크게 실패할 가능성이 있는 모험은 되도록 피하는 태도가 몸에 배어 있다.

이런 내가 연구실에 커다랗게 써 붙인 글자가 있는데 바로 '賭' 자다. '도박'의 의미도 있지만 '승부를 걸다'는 뜻이기도 하다. 이 글자를 매일 보면서 언젠가 한번은 내 인생을 걸고 성공 확률이 낮더라도 하고 싶은 어떤 일에 크게 도전하겠다는 의지를 다지고 있다. 겁 많은 내가 인생을 걸고 도박을 다짐하는 이유는 유한 게임을 하고 있으면서도 자주 무한 게임을 하고 있다고 착각하는 경우가 많기 때문이다.

인간 오십 년 돌고 도는 인간사에 비한다면 덧없는 꿈과 같구나
한 번 태어나 죽지 않을 자 그 누구인가, 죽지 않을 자 그 누구인가

윗글은 일본 전국시대의 명장인 오다 노부나가(織田信長)가 전장에 나가면서 읊었던 시를 우리말로 옮긴 것이다. 당시 작은 지역의 젊은 영주였던 노부나가에게 이웃의 커다란 영주인 이마가와 요시모토가 거의 10배의 군사를 동원하여 싸움을 걸어와 항복하면 목숨을 살려주고 부하로 삼겠다고 조건을 제시했다. 노부나가는 거절하고 전투에 임했는데, 오히려 크게 이기고 적장인 요시모토를 죽인다. 그리고 이 대승리를 바탕으로 일본을 거의 통일하는 대영주가 된다.

노부나가는 왜 항복을 택하지 않았을까. 전쟁에서 죽지 않더라도 어차피 50세쯤 되면 죽는 유한 인생을 살고 있었기 때문이 아닐까. 적의 부하로 몇 년 더 사는 것보다는 30대에 인생의 종지부를 찍는 한이 있더라도 싸워서 혹시 모를 승리와 그 이후의 멋진 삶에 도박을 거는 것이 낫겠다고 판단했던 것이 아닐까. 나는 노부나가의 판단에 완벽히 동의한다.

도전을 하려다가 실패를 지나치게 두려워한 나머지 포기하는 사람들이 있다. 이것은 전혀 논리적이지 않다. 인생에서 가장 큰 실패가 무엇인가? 바로 죽음이다. 어떠한 실패를 하더라도 살아있다면 다시 도전해볼 수 있지만, 죽는다면 재도전이 불가능한 완전한 실패가 되어버린다. 인간은 피할 수 없는 죽음이 오기 전에 인생을 걸고 삶의 의미를 찾는 큰 도박을 해야 하는 것이 옳지 않은가.

요즘 젊은이들이 선호하는 직업은 매우 현실적이다. 안정된 직장에서 월급쟁이를 하려 한다. 결코 틀렸다고 할 수는 없지만, 확률 0.01퍼센트의 터무니없는 꿈을 꾸어서 99.99퍼센트 확률로 실패하더라도 다시 일어설 수 있는 젊음이 있다면 일을 한번 저질러봐야 하지 않을까.

평생 조심조심 살다가 인생의 만년에 들어섰을 때 30년 전 자기가 두려움에 회피했던 큰 기회를 생각하며 후회의 눈물을 흘리지 않을 것이라고 장담할 수 있는 사람은 아무도 없을 것이다. 다른 것은 차치하고, 그저 편히 살다 죽는 것만이 인생의 목표라면 얼마나 지루하고 재미없는 삶이 될 것인가?

경제학 키워드 유한 게임 finite game
무한 게임 infinite game

게임이론에서 쓰이는 용어다. 유한 게임은 끝이 있으며 경쟁자가 취하는 전략의 수가 유한할 때를 일컫고, 무한 게임은 끝이 없으며 경쟁자가 취하는 전략의 수가 무한할 때를 말한다.

정보가 승패를 가른다

　　내게도 편견과 선입관이 있었다. 부유한 환경에서 성장한 학생들은 경제적·사회적으로 높은 지위에 있는 사람들을 자주 보며 자란 탓에 위축이 들어 자신을 과소평가하고 큰 꿈을 꾸지 않을 것 같았고, 가난한 환경에서 성장한 학생은 노력으로 이룬 자신의 성공에 크게 고무되어서 오히려 비현실적일 정도로 큰 꿈을 가지게 될 것이라고 생각하였다.

　　역사적으로 보면, 계부 슬하에서 자란 도요토미 히데요시는 천한 신분으로 마구간을 담당하는 사람이었는데 바늘 장수를 하다가 부강한 가문의 가신으로, 무사로, 성주로 성장하고 이후 일본을 통일하고 조선은 물론 명을 침공해서 스스로 대륙의 황제가 되겠다는 큰 꿈을 가졌었다. 코르시카 섬의 소년에서 프랑스로 건너가 군인이 된 나폴레옹도 황제가 되어 유럽을 정복하겠다는 큰 꿈을 가졌었기 때문이다.

하지만 현실에서 많은 학생들을 접하고 보니, 전자의 학생들이 성공하려는 의욕이 높은 반면 후자의 학생들은 작은 성공에 만족하는 것을 봐왔다. 그들이 작은 성공에 안주하는 가장 큰 원인이 무엇일까 곰곰이 생각하니 정보가 부족하거나 정보를 찾는 노력이 부족했기 때문이 아닐까 추측된다. 월 200만 원 이상을 주는 직장이 있다고 생각해본 적이 없다는 학생의 주변에는 실제로 그 이상을 받고 직장 생활을 하는 사람이 하나도 없었다. 우물 밖으로 시선을 돌리지 않은 탓이다.

나는 지금도 능력에 따라 장벽을 뛰어넘어 수직 이동이 가능한 사회라 믿는다. 편부/편모, 지방, 저소득층, 차상위 계층 등의 가정에서 자란 학생들도 대학에 진학하고, 유학을 가서 학위를 받아 오고, 좋은 직업을 얻을 수 있다. 공부를 잘해야 하는 것은 당연하고, 진로를 결정하는 데 필요한 정보들을 충분히 얻었기 때문에 가능한 것이다.

나의 아버지는 강원도 산골에서, 그것도 편모슬하에서 성장하셨다. 서울에서 근무하셨던 할아버지가 일찍 돌아가시고 고향으로 돌아오니 촌구석에서 진로에 대해 마땅히 물어볼 사람이 없었다고 한다. 그래서 생각하신 것이 할아버지의 고등학교 동창회 명부를 보고 찾아가서 조언을 구하는 것이었다. 그분들은 상당히 황당하여 놀라셨을 것 같다. 고등학교를 졸업한 지 20년이 지났는데, 동창의 아들이라고 갑자기 찾아와서는 인생 상담을 해달라고 했으니 말이다. 어쨌든 아버지는 그런 노력으로 좋은 정보를 많이 얻었다고 하셨다. 아, 도움을 준 어느 분의 따님과 결혼까지 하셨다.

경제학에는 '조건부 확률'이라는 개념이 있다. 어떤 사건이 벌어졌을 때 그것을 근거로 확률을 산출하는 방식이다. 예를 들어, 대학 교육을 받은 가족이나 친척도 없는 시골 학생이 대학에 진학하였다면 이 학생이 성공할 확률은 '시골 학생이 성공할 확률'이 아니고 '시골에서 대학을 들어간 학생이 성공할 확률'이 되는 것이다. 또, 시골 고등학생이 대기업에 들어갈 확률보다는 그가 대학에 들어간 시점에서 대기업에 들어갈 확률을 다시 계산하면 전자보다 후자가 더 높을 것인데, 이 경우 후자가 조건부 확률이 되는 것이다. 이와 관련해 내가 제자들에게 가끔 묻는 질문이 있다.

'홀로 길을 걷다가 10억 원의 현금이 떨어져 있는 것을 발견한다. 보는 사람이 아무도 없다. 돈을 주워 가지고 도망갈 것인가, 경찰에 신고하여 돈 주인을 찾아줄 것인가?'

경찰에 신고하면 사례금은 좀 받겠지만 10억 원에는 비할 수 없을 것이고, 반대로 아무도 보는 사람이 없으니 몰래 가지고 도망간다면 10억 원을 다 가질 수 있다는 생각에 마음이 흔들릴 수 있다. 형법상 점유이탈물횡령죄로 실형을 살 수도 있는 위험이 따르는데도 말이다.

법을 떠나서, 나는 학생들에게 경찰에 신고하는 것을 권한다. 경제학적 관점에서 보면, 불확실한 완전 범죄보다는 노력하여 10억 원의 수입을 올리는 편이 확률이 높기 때문이다. 더군다나 젊은이들에게는 10억이 아니라 100억 원도 벌 수 있는 잠재성이 있기 때문이다. 그래서 한 가지 더, 횡재의 금액이 얼마 이상이어야 도주할 것인지를 또 물어본다. 여기에는 두 가지 의미가 있는데, 첫째는 그런 상황이 닥쳤을 때 흔들리지 않고 이성적인 행동을 하도록 하는 것이고, 둘째는 미리 액수를 정하는 과정에서 평생 동안 자신이 열심히 정직하게 일하여 모을 수입의 액수를 높이면서 큰 꿈을 갖게 하는 것이다. 이는 현실적인 인생 계획을 세울 수 있는 바탕이 될 수 있다.

성공 인생의 조건부 확률을 높이는 방법은 다양한 정보의 취합과 분석에 따른다. 물론 주변 사람들의 별 생각 없이 던지는 조언은 전혀 신경 쓸 필요가 없다. 그들은 내 일에 대해서 심각하게 생각하고 조언해주는 것이 아니고 전혀 책임질 자세도 되어 있지 않으며 조언을 해줄 만큼 전문 지식도 부족하다.

그렇다고 조언이 필요 없다고 생각하는 것은 큰 오류다. 세상에는 분명히 그 분야에 대해서 나보다 많이 알고 내게 도움이 되는 조언을 줄 수 있는 전문가들이 있다. 이들의 조언은 돈을 주고도 사지 못하는 귀한 것이다. 또한 전문가의 조언을 얻었을 때는 그것에 대해 깊이 생각하여 실천해보는 것이 옳다.

청춘들이여, 작은 성공에 기뻐할지언정 만족하여 머물지 말자. 전문가를 찾아 조언을 구하고 정보를 얻는

노력을 게을리하지 말자. 훨씬 더 큰 성공이 기다리고
있다.

경제학 키워드 **조건부 확률** Conditional Probability

한 사건이 일어났다는 전제하에서 다른 사건이 일어날
확률을 말한다.

부모 돈 보기를
돌같이 하라

대학원 입학 수험생들을 면접하다 보면 매년 비슷한 학생들을 만나게 된다. 좋은 대학을 나와서 여러 기업을 전전하다가 지원하는 부류다. 이런 학생들은 실력도 있고 성격도 좋아 대학원 수업에 들어와서도 상위권 성적을 받고 조교로서 일도 잘하는 경우가 대부분이다. 그런데 일 년쯤 지나 휴학을 하겠다고 말한다. 장기간 해외 어학연수를 가겠다는 것이다. 경제학을 깊이 있게 공부하고자 하는 대학원생으로서 갑자기 말도 안 되는 이야기를 한다고 혼을 내도 막무가내다. 말릴 요량으로 '많은 비용이 들 텐데 어떻게 할 것이냐'고 물으면 부모의 도움을 받겠다고 한다. 이런 학생들을 몇 번 보고 나서 내가 느낀 바는, 유복한 집안의 학생들은 옳고 그름을 떠나 자신이 생각하기에 타산이 맞지 않는다고 판단되면 쉽게 그만둔다는 것이다. 예를 들어, 부모로부터 월 100만 원의 용돈을 받았던 학생이 취업해서 월 200만 원을 받으며 아침 8시부터 밤늦게까지 직장에서 일을 할 마음이 나겠는가? 그것도 상사와 거래처로부터 갑질을 당하면서까지.

경제학에는 '소득효과'라는 용어가 있다. 소득이 증가하면 사람들에게 어떤 일이 벌어질까? 여러 상황이 발생하는데, 그중 하나가 바로 근로 의욕의 감소다. 소득이 없거나 낮았던 사람은 시급 1만 원에도 만족하며 열심히 일을 하지만, 고소득자는 1만 원의 시급이 의미가 없다고 여겨 일을 안 하거나 대충대충 한다. 때문에 부유한 사람의 근로시간은 줄어들게 된다. 늘어난 여가 시간에는 자연히 돈을 쓰면서 놀게 된다.

문제는 이렇게 돈을 쓰다 보면 나중에 형편이 어려워져서도 씀씀이를 줄이기 어려워진다. 이런 경우 경제학에서는 '소비의 하방경직성'이라는 용어를 쓴다. 소비를 늘리는 것은 쉬

워도 줄이는 것은 쉽지 않다는 뜻이다. 이런 상황이 반복되면 그 많던 돈도 순식간에 사라진다.

사업을 하는 지인에게 다소 황당하고 충격적인 이야기를 들었다. 그에게는 중학생 아들이 있는데, 어느 날 학교에서 돌아와서는 "아버지, 혹시 학교 운동장만 한 땅을 갖고 계세요?"라고 물어왔다. 그가 "가지고는 있는데, 왜 물어보는 것이니?"라고 되묻자, 아들이 "오늘 담임 쌤이 '내가 만일 학교 운동장만 한 땅이 있으면 당장 학교 그만두고 편히 놀면서 살겠다'고 하시더라고요. 그럼 저도 공부 안 하고 평생 놀고먹으며 살 수 있겠네요?"라고 말했다. 그는 너무도 기가 막혀서 "너한테는 한 푼도 물려주지 않을 것이니, 네 스스로 돈을 벌어서 살아야 해."라며 혼을 냈다.

이야기는 여기서 끝나지 않는다. 며칠 후, 모처럼 일찍 퇴근한 그는 집 앞에서 아들이 택시에서 내리는 것을 목격한다. "무슨 일로 버스를 타지 않고 택시를 타고 온 것이니?"라며 놀라서 물었더니, 아들이 하는 말이 "어차피 아버지가 제게 유산을 물려주지 않으실 것이니 택시라도 타면서 실컷 써보고 싶어서 그랬어요."라고 했다.

그릇된 생각을 가진 자식을 혼내려 나온 말이겠지만, '자식에게 유산을 물려주지 않겠다'는 선언은 매우 옳은 행동이며 그 뜻에 전적으로 동의한다.

부모의 돈 때문에 자식의 인생이 잘못되는 경우가 생각보다 아주 많이 목격된다. 나는 진정으로 자식을 위하는 부모라면 일정 연령이 넘은 자식에게는 정말 돈을 한 푼도 주지 말아야 한다고 생각한다. 직장이나 학업을 그만두겠다고 고집부리는 자식을 말릴 수는 없더라도, 생활비를 대준다든지 해외 어학연수 비용을 대주는 것은 자식을 살리는 것이 아니라 오히려 죽이는 것과 같다. 미래를 두려워하고 자신의 결정과 그에 따른 책임을 회피하는 나약한 존재가 되어 항상 부모에게 의존하지 않고서는 살아가기 힘들어지기 때문이다.

마찬가지로 독립적이고 주체적인 존재로 살아가고자 하는 자식이라면 부모가 돈을 준다고 하더라도 이를 받지 말아야 한다. 부모가 주는 돈은 달콤할지 모르지만 사실은 인생을 망치는 독이 가득하다. 쉽게 중독되어 헤어나기 힘들어진다. 돈이

필요하면 스스로의 능력으로 해결해야지 부모의 돈을 받으면 절대로 안 된다.

학생들이 간혹 돈의 가치에 대해 오해를 하는 경우가 있다. 부모의 재산이 30억 원이라고 가정해보자. 이 집안에는 아들이 둘이 있다. 그 둘은 일하지 않고도 부모의 돈으로 편히 먹고 살 수 있을까? 가당치도 않다. 우선 재산가인 부모의 소비 씀씀이를 차치하고서 은퇴 후 30년 동안의 의료비를 고려했을 때 노후 생활비로 10억 원은 결코 넉넉한 돈이 아니다. 그러면 상속세를 생각하지 않고라도 두 아들 각각이 10억 원씩을 나눠 가지고 가정을 꾸려서 50년을 살 수 있을까? 얼토당토않은 일이다.

부모의 돈이 더 많다고 하더라도 마찬가지다. 투자를 하다가 모두 날릴 수도 있고, 위험을 피하기 위해서 안전한 예금을 했는데 물가가 가파르게 올라서 가치가 급락할 수도 있는 것이다. 따라서 자식이 부모의 돈으로 편히 살 수 있다고 생각하는 것은 아주 큰 오해다. 아무리 작은 돈이라도 지속적인 소득을 만들어야 한다.

결론적으로 대학을 졸업하고 부모로부터 한 푼도 받지 않겠다고 단단히 결심하는 것이 인생의 계획을 세움에 있어 가장 중요하다.

지금부터 스스로 자립해서 생활해야 한다고 생각하면 자신이 무엇을 할 것인가가 명확해진다. 예를 들어, 지금 갈 수 있는 직장이 세 곳이라면 제일 조건이 좋고 장래성 있는 직장을 바로 선택할 것이다. 하지만 부모의 돈에 의지하려는 마음이 있다면 세 곳 모두 완전히 만족스럽지 않다는 이유로 구직 활동을 더 하겠다는 핑계를 대고 백수 생활을 선택할 가능성이 농후하다. 부모가 주겠다는 돈이 있으면 그 돈을 사회에 기부하고 자립해서 일을 시작하자. 그 돈의 유혹을 뿌리치면 훗날 그 몇 배의 돈을 가지게 될 것이다.

경제학 키워드 소득효과 income effect

하방경직성 downward rigidity

소득효과는 가격효과의 하나로, 상대가격이 일정하게 유지된다는 가정에서 오로지 소비자 만족 수준의 변화에 의해 초래되는 소비자 선택의 변화를 의미한다.

하방경직성은 글자 그대로 아래쪽 방향으로 경직되어 있다는 뜻이다. 경제학에서 수요 공급의 법칙에 따라 내려가야 할 가격이 내려가지 않은 경우를 일컫는다.

잘못은 먼저
자신에게서 찾아라

화를 내는 데도 사람마다 특징이 있는 것 같다. 나는 화를 잘 내지 않지만 어쩌다가 한번 화를 낼 때가 있는데 좀처럼 풀리지 않는다. 내가 48년을 살면서 화를 내본 것은 다섯 손가락으로 꼽을 수 있을 만큼 적지만, 화가 풀리는 시간은 대개 수개월로 매우 길다. 아내랑 싸우고 반년간 말을 하지 않은 적도 있다. 나와 반대로 아내는 자주 화를 낸다. 하루에 몇 번씩 화를 낸 적도 있다. 그런데 대개 한 시간 내에 화가 풀린다. 아내는 스스로 뒤끝이 없는 성격이라고 자랑하며 나보고는 뒤끝이 너무도 심한 이상한 성격이라고 비난한다. 저렇게 금방 풀릴 화를 왜 냈는지, 나로서는 와이프의 행동이 이해가 안 될 때가 종종 있다.

경제학자의 입장에서 보면 인간이라는 동물이 화를 내는 데는 장점과 단점이 있다. 먼저 장점을 이야기하면, 주변의 사람들에게 아주 짧은 시간에 매우 효과적으로 자신의 의사를 확실하게 전달할 수 있다는 점이다.

내가 박사 과정 학생이었을 때의 이야기다. 지도 교수가 어떤 이야기를 말하는 중에 내가 끝까지 듣지 않고 말허리를 끊고 이야기를 한 적이 있다. 그러자 친절하게 말하던 지도 교수가 "내 말을 끝까지 들어!"라고 버럭 소리를 질렀다. 하늘 같은 지도 교수가 큰소리를 치는 모습에 나는 그날 밤 잠을 이루지 못했다. 생각해보니, 지도 교수는 다른 사람이 자신의 말에 깊이 생각하지도 않고 말허리를 끊으며 말하는 것을 너무 싫어했었다. 당연히 그 이후로 나는 지도 교수가 아무리 말을 오래 하더라도 끝까지 듣고 나서 내 생각을 말하게 되었다.

사람이 크게 화를 내면 주변의 주목을 받게 되고, 자신이 어떤 것을 싫어하는지에 대해 큰 인상을 심어준다. 재미있는 것은, 이를 이용해서 실제로 화가 나지 않았음에도 화가 난 척하는 것도 동일한 이유로 의사 전달을 확실히 할 수 있다. 어느 순간부터 나는 특정한 상황에서는 화가 난 듯이 행동하는 것이 효과적이라는 사실을 깨닫고 이를 활용하고 있다.

예를 들어, 내 아들이 하지 말아야 할 일을 하고 있을 때 대개는 부드럽게 타이르지만 반복하는 경우 일부러 화난 척하면서 큰소리로 꾸짖고 며칠 동안 인상을 찌푸린다. 아들이 다시는 같은 잘못을 저지르지 않게 하기 위해서 일종의 연극을 하는 셈이다. 왜냐하면 살살 타이르면 또 잊고 같은 잘못을 되풀이하는 것이 아이의 속성이기 때문이다.

학교에서도 조교나 학생들에게도 가끔 화를 내는 연기를 하는데 생각보다 효과적이다. 특히 학생들을 인솔하고 해외 연수 등을 가는 경우에는 첫날에 반드시 한 번 크게 화를 내서 학생들의 긴장감을 높인다. 해외에 가면 학생들은 기분에 들떠서 각종 사고가 나기 쉽기 때문에 첫날 별것도 아닌 잘못이라도 일부러 트집 잡는 것이다. 무엇보다 안전하게 집에 돌려보내는 것이 가장 중요하다고 여기는 까닭이다.

화를 내는 것의 단점은, 화가 나서 감정이 격해지면 이성적으로, 합리적으로 일을 해나가기가 어렵다. 특히 조직 내에서 화를 내는 사람이 있을 경우 조직 전체의 업무가 마비되는 일도 발생한다. 불편한 관계에 있는 사람들끼리 같이 일을 하면 자연히 능률도 떨어지게 마련이다. 그래서 회사에서 채용을 하거나 승진을 시킬 때 업무 능력만큼 중요시하는 것이 성격과 인간관계인 것이다.

아무리 능력이 출중한 사람이라고 해도 화를 잘 내거나 주변 사람에게 짜증이 나는 행동을 하게 되면 주변에 긍정적인 영향을 주는 사람보다 채용과 승진에서 밀리게 된다. 따라서 조직에서 성공하기 위해서는 자신의 화를 잘 조절하고 다른 사람의 화를 잘 관리하는 능력이 있어야 한다. 사람마다 화를 조절하는 비법이 있을 텐데, 내 경우에는 평정심(inner peace)이 그렇다.

수년 전 어느 날, 나는 어떤 경우에 화를 내는지에 대해 생각해본 적이 있다. 어떤 일이 A라는 방식으로 진행될 줄 알고 있었는데 예상하지 못했거나 내게는 불리한 방식인 B로 진행되는 상황과 관련되어 있다는 것을 알았다. '배신'도 마찬가지다. 나를 위해서 노력해줄 것이라 믿었던 어떤 사람이 예상과는 달리 내게 아주 불리한 쪽으로 일을 진행할 때 배신감을 느끼며 화를 냈다.

여기서 얻은 결론은, 상대가 나를 배신했다는 것이 아니라 내가 그 사람을 믿었고 배신할 것이라는 것을 미리 예상하지 못했다는 점이다. 경제학에서 말하는 '랜덤 쇼크'와 비슷하다. 예상하지도 못하고 대비도 되어 있지 않은 상태에서 갑작스럽게 벌어지는 돌발 상황을 말한다. 가장 흔한 예는, 경제가 잘 돌아가고 있는데 갑자기 중동에서 전쟁이 벌어지는 것과 같은 상황이다. 기업의 입장에서는 전쟁과 같은 랜덤 쇼크가 벌어지면 큰 손해를 입을 수도 있다. 이런 경우 화를 낸다고 해서 나아질 것은 없다. 어차피 자신이 대비하거나 예상할 수 없는 일이었기 때문이다.

직장에서 상사가 내게 화를 낸다면 어떻게 해야 할까? 앞서 말한 것처럼 감정적으로 대응하지 말고 그 원인을 생각해보는 것이 좋다. 내가 잘못한 것이 없을 경우, 예측하거나 대비하지 못한 랜덤 쇼크가 원인일 수도 있다. 평정심을 갖고 화의 원인을 찾다 보면 나중에는 상대방이 화를 내지 않도록 방지하는 능력, 적어도 상대방이 언제쯤 화를 낼지를 예측하는 능력도 생길 것이다.

자신이 화가 나는 경우도 마찬가지다. 내가 화가 났다는 것은 그 일이 벌어질 수 있다는 가능성을 무시했거나 모르고 있었다는 것을 의미하는 것이므로 화를 낼 일이 아니라 부끄러워해야 할 일이라고 생각한다. 내 친구가 나를 배신할 수 있다는 것을 미리 알지 못했다거나, 어떤 상황이 발생할 때 내 가족의 짜증이 수반된다는 것을 알지 못했다면 화의 원인은 다른 사람이 아닌 내게 있는 것이다. 다음에는 그런 일이 벌어지지 않도록 미리 예측하고 대비할 수 있도록 더 연구하고 공부하면 되는 것이다.

결론적으로 말하자면, 자신이 예측하거나 대비하거나 통제하지 못한 일이 발생한 것은 화를 내봤자 소용없는 일이다. 같은 일이 반복되지 않도록 연구하고 준비하는 수밖에 없다. 또한 자신이 예측하거나 대비하거나 통제할 수 있는 일인데 엉뚱한 일이 발생한 것은 전적으로 자신의 잘못이다. 다른 사람이 아닌 스스로에게 화를 내야 한다. 그러하니 화를 내어 스스로 영혼을 갉아먹는 것보다는 평정심을 유지하고 마찬가지로 다시 연구하고 준비하는 게 최선이다.

경제학 키워드 랜덤 쇼크 random shock

예상하지도 못하고 대비도 되어 있지 않은 상태에서 갑작스럽게 벌어지는 돌발 상황을 말한다.

아부가 아닌 칭찬을 하라

　주변에서는 나를 아부 못하는 사람이라고 생각한다. 십 년 전만 하더라도 나는 아부를 못하는 정도가 아니라 아부에 대해 적대감까지 가지고 있었다. 다른 사람이 무엇을 하든지 내가 더 잘할 수 있다고 생각하는 나에게 아부는커녕 남을 칭찬하는 것조차 쉬운 일이 아니었다. 물론 현재는 다른 사람에게 아부까지는 아니더라도 칭찬을 하기 위해 열심히 노력하고 있다.

　남의 능력을 칭찬하는 데 인색하고 실제로는 시기하고 질투하는 마음이 큰 것은 인간의 본성일 수도 있다. 경제학에서는 '제로−섬 게임(zero-sum game)'이라는 용어가 있는데, 어떤 사람이 100의 이익을 얻으면 반드시 다른 어떤 사람은 100의 손해를 봐서 전체적으로는 항상 합이 0이 되는 상황을 말한다. 원시사회에서 사슴 한 마리를 잡아 나눠 먹을 때, 내가 고기를 더 먹으면 옆에 있는 사람은 덜 먹게 된다. 인간의 삶이 원래 제로-섬인 경우가 많았을 것이다.

사람들은 남의 뛰어난 점을 칭찬하기보다는 뛰어난 사람에게 자기의 몫을 빼앗길까 봐 질투하는 마음이 심했을 수 있다. 하지만 서로 힘을 모아서 일을 해야 하는 현대사회에서는 제로-섬 게임보다 나도 100을 얻고 남도 100을 얻는 '논-제로-섬(non-zero-sum) 게임'이 많이 생겨났다. 남의 재주를 시기하고 질투하기보다는 인정하고 같이 협력하면 내게도 이익이 될 수 있다는 의미다.

나는 칭찬이란 남이 잘하는 점에 대해서 존경을 표하는 것인 반면, 아부란 그 사람에게 잘 보여서 이득을 얻기 위해 거짓으로 하는 칭찬이라고 생각했다. 진심이 담긴 칭찬은 좋은 것이지만 거짓이 담긴 아부는 나쁜 것으로 여겼다.

그런데 사회생활을 하면서 주변의 칭찬과 아부를 관찰해본 결과, 그 경계가 명확한 것인지 의문이 들기 시작했다. 예를 들어, 명쾌하게 설명을 잘 해주셔서 이해가 잘 된다고 어느 학생이 내게 말하면, 나는 그것을 칭찬이라고 생각했다. 뚱뚱한 체격인 내게 어떤 학생이 표준 체격이라고 하면 당연히 아부라고 생각했다. 이 구분이 옳은 것일까? 교수라는 내 위치 때문에 학생들의 강의 평가나 외모 평가가 모두 아부일 수도 있다.

15년 전쯤 내가 아직 젊은 교수였던 시절 만났던 인도 학생이 생각난다. 그 인도 학생은 나보다 나이가 많았고, 인도에서 명문 대학을 나와 전도가 유망한 공무원이었다. 그는 나이 어린 나를 교수로서 극진히 대접해줄 뿐 아니라 기회가 있을 때마다 나의 장점을 열거하며 교수가 아니라 다른 무슨 일을 하더라도 잘했을 것이라 했다. 지식을 전달하는 사람을 넘어서 어떤 조직에 가서도 주변의 존경과 사랑을 받을 사람이라는 등의 칭찬을 하는 것이었다.

흥미로운 사실은, 처음에는 이런 인도 학생의 말을 흘려듣던 내가 어느 때부터인가 집에 돌아와서 '내가 정말 그렇게 훌륭한가?'라는 생각을 하게 되었다. 매번 어떤 근거를 가지고 나를 칭찬해주니, 오히려 내가 모르는 나를 이 인도 학생이 알고

있는 것이 아닌가 하는 생각이 들 정도였다. 그가 말한 만큼 훌륭한 사람은 아니지만, 이제부터는 정말로 인도 학생에게 존경을 받을 수 있는 생각과 행동을 해야겠다는 마음이 들었던 것도 사실이다.

결론적으로 훌륭했던 것은 내가 아닌 그 인도 학생이었다. 그는 항상 진실한 표정으로 내게 칭찬을 해줬다. 그것이 가능한 것은, 존경심에서 우러나와 나의 말과 행동에서 좋은 점들을 끊임없이 찾았기 때문이다.

내가 존경하는 선배 교수께서 이런 말씀을 하신 적이 있다. 일본이 오랫동안 성장할 수 있었던 것은 외국의 선진 문물을 배우고자 하는 열정 때문이라고 했다. 19세기 말 서양 문물이 아시아로 마구 흘러 들어올 때 조선은 쇄국정책을 고수하였고 백성들 또한 유입에 반대하는 분위기였다. 당시 일본도 전반적으로는 반대하였지만, 적지 않은 일본인들이 서양의 기술을 보고 나서 반대는커녕 서양 문물을 배우고 싶다는 욕망에 일본 정부의 감시를 뚫고 몰래 유럽이나 미국으로 가서 실제로 서양 문물을 공부해서 돌아오기도 했다. 초대 조선 통감이었던 이토

히로부미도 그런 사람들 중 한 명이었다고 한다. 일본이 고도 성장을 하던 1970, 1980년대까지도 많은 일본인들이 해외여행을 하며 선진 문물에 감탄했다. 그러다가 어느 순간 일본인들이 서양에 나가봐도 일본보다 별로 나을 것이 없다고 생각하는 순간이 왔는데, 이상하게 그때부터 일본의 성장이 멈추었다는 것이다. 물론 일본이 저성장에 들어선 데에는 많은 다른 이유들이 있겠지만, 이 선배 교수의 말씀에도 분명히 일리가 있다.

국가가 이렇게 성장하고 정체되는 것처럼 개인들도 많이 배우고 성장하는 시기가 있고 그렇지 못하는 시기도 있다. 시기를 번갈아 경험하게 되는 이유 중 하나가 바로 남에게 배울 점이 있다고 생각하여 남의 행동을 관찰하고 학습하느냐, 아니면 자신이 뛰어나서 더 이상 남에게 배울 것이 없다고 생각하여 배움을 게을리 하느냐에 있다.

현실에서 겸손한 자세를 유지하고 어느 누구를 만나든지 그 사람으로부터 배울 것이 있다고 생각하는 것이 자기 발전을 이루는 중요한 요소다.

너무 고루한 말일지 몰라도 공자께서도 '누구라도 세 명이 같이 길을 가면 그중에 반드시 한 사람은 나의 스승이 될 만한 사람(三人行必有我師)'이라는 말씀을 남기셨다. 이런 겸손함이 진정한 학자의 자세이며 올바른 인생에 대해 고민하고 성장하는 사람의 태도가 아니겠는가? 자, 너무 자존심만 앞세우지 말고 오늘부터라도 남에게 진심 어린 아부(!)를 해보도록 권하는 바이다.

경제학 키워드 논-제로-섬 게임 non-zero-sum game

대립과 협력의 양 요소를 내포하는 게임이다. 플레이어 간에 서로 협력하여 이득을 증가시킬 수도 있고, 비협력적으로 행동하여 자신의 이득을 일방적으로 증대시키고 상대방의 이득을 감소시킬 수도 있다.

인사는 호랑이도
친구로 만든다

아주 중요한 일이면서 별로 어렵지도 않은데 이상하게 좀처럼 잘 하지 못하는 일들이 있다. 그중 하나가 인사다. 부모님 댁에도 자주 들리지 못하고, 스승님들께도 마음만큼 잘 챙겨드리지 못하고 있다. 그나마 같은 학교에 근무하고 계신 선생님들께는 자주 뵙고 인사를 드리는 편이다. 명예교수실에도 가끔 들려서 인사를 드리고, 동료 교수들의 방에도 놀러가서 이야기를 나누곤 한다. 졸업한 지 25년이 지났지만 미국 유학 시절의 지도 교수님들께도 가끔씩 이메일을 통해서 인사를 드린다.

학생들과는 특히 관계를 돈독히 하려 노력하는 편이다. 학생들의 이름은 가능한 외우려고 한다. 복도를 지나다가 인사하는 학생이 있으면 1분이라도 마주 서서 이야기를 나누려고 하며, 아는 학생이 지나가면 내가 먼저 불러서 잘 지내냐고 묻곤 한다.

어떤 모임이나 회의에서 새로운 사람을 만나면 그날 저녁에 '오늘 만나서 반가웠다'고 이메일이나 문자를 보내려고 노력한다. 박사 과정 학생이었을 때, 크리스마스부터 시작하는 겨울방학이면 매년 한국에 계신 교수님들과 친척들에게 연하장을 보냈다. 나중에 연구년 동안에도 미국의 대학으로 간 적이 있는데, 이때도 교수님들에게 연하장을 잔뜩 보냈다.

객관적 능력뿐 아니라 조직에서의 적응력도 평가의 기준이 되는 사회에서 인사성은 중요한 평가 요소다. 주변 사람들로부터 인사성이 밝다는 이야기를 듣는 것은 경우에 따라서 큰 자산이 될 수 있다. 인사성이 밝다는 것은 주변을 생각하는 마음이 있고, 그래서 어떤 조직이든 들어가면 비교적 잘 적응할 수 있다는 의미로 받아들여지기 때문이다.

해외에서 박사 학위를 받은 제자가 어떤 대학이나 연구소

에 지원을 했는데 그 대학이나 연구소에서 내게 추천서를 원하거나 또는 그 제자에 대해서 내게 물어보면 평소에 인사성이 밝은지 아닌지가 아무래도 신경이 쓰이게 된다. 내게 인사를 잘 해서가 아니고, 이 사람을 추천했을 때 그 조직에 가서 잘 적응할 수 있을까 아닐까를 생각해보면 평소에 인사성이 밝은지 아닌지가 하나의 기준이 될 수 있다는 말이다. 수년간 이메일이나 문자 한 통도 보내지 않고 연락을 끊고 사는 제자의 경우에는 아무래도 그 조직에 가서 인간관계를 잘 형성할지 의문이 들게 된다.

생산성을 늘리기 위해 협력(cooperate)하거나 협조(co-ordinate)해서 일해야 하는 경우가 많다. 문제는 어떤 사람이 협조적인가 아닌가를 모른다는 것이다. 내가 원하는 사람이 협력에 관심도 없다면 괜히 오랜 시간을 투자해봤자 시간 낭비일 뿐이다. 반면 성실하게 협력하고 협조하는 인물이라면 충분히 시간을 투자하여 관계를 만들어나갈 수 있다.

경제학에서는 시그널링(signalling)이 중요한 전략이다. 자신이 어떤 사람인지 다른 사람에게 알림으로써 정보의 부족으로 생길 수 있는 낭비를 막는 것이다.

　인사를 잘 하는 것도 하나의 시그널이라고 본다. 인사는 비록 아주 작은 행위이지만, 그 사람이 다른 사람과의 인간관계에 작지만 신경을 쓴다는 것을 시그널링하는 것이다.

　혹시 사교성이 부족하거나 숫기가 없어서 대면 인사가 너무 힘들다면, 먼저 가까운 사람들에게 문자나 이메일을 통해서 인사하는 습관을 길러보기를 권한다.

　생각보다 어려운 일이 아니다. 더욱이 나는 지금도 오랫동안 연락하지 못한 친구나 제자가 생각나면 바로 "잘 지내?"라고 문자를 보낸다. 주말에 시간 여유가 있을 때는 핸드폰의 주소록을 살펴보면서 어떤 이름들이 있는지 체크하는 것이 취미가 되었을 정도다. 그러다가 '앗, 이 친구를 한동안 잊고 있었네. 잘 지내고 있으려나?'라고 생각이 나면 바로 문자를 보낸다. 이렇게 조금은 엉뚱하고 갑작스런 문자를 수백 번 보내도 "갑자기 왜 문자를 보냈냐?" 혹은 "달갑지 않다."라는 답장을 단 한 번도 받아본 적이 없다. 대부분 "반갑다!"라는 답이 온다. 그러면 아이들은 잘 크는지, 부모님들은 안녕하신지 물으면서 자연스럽게 이야기가 이어진다. 한 가지 팁인데, 이전에 주고받았던 문자에서 대화거리를 얻을 수 있다. 가령 "아, 참! 저번에 아버님 편찮으시다고 했는데, 이젠 좀 괜찮으셔?"라고 물으면, 그 친구는 관심을 가져주어 고맙다고 한다. 선명하게 기록이 남아있는 덕이다.

물론 가끔 문자를 보내서 안부를 묻는다고 진정한 친구라고 생각하지는 않을 것이다. 하지만 관심이 없으면 그런 문자라도 보낼 까닭이 없다. 내가 문자를 보내기 전에 먼저 문자를 보내와서 내 부모님의 안부를 묻는 1퍼센트의 친구가 소중하게 느껴지는 이유다.

인사성은 생각보다 중요하다. 인사는 다른 사람에 대한 애정에서 비롯되기도 하지만, 인사를 자꾸 하다 보면 남을 배려하고 사랑하는 마음이 싹트기도 한다. 지금 당장 핸드폰의 주소록을 넘겨가면서 소식이 궁금한 친구가 있으면 다짜고짜 문자를 보내볼 것을 강권하는 바다.

생산성을 늘리기 위한 협력에 어떤 사람이 관심이 있는
지 알아야 그 가능성에 투자를 하고 리스크를 줄일 수
있다. 이때 그 사람이 협력에 관심이 있음을 보여주는
어떤 '신호'를 보내는 것을 시그널링이라고 한다.

발생 가능한 일들을
미리 생각하라

  조교의 업무 중 시험 감독은 여타 업무와는 다르게 나와 조교 이외에도 백여 명이 넘는 학생들과 관련되어 있다. 더구나 시험 시간은 대학본부에서 정해져 내려오기 때문에 갑자기 무슨 일이 생긴다고 해서 시험 시간을 변경하는 것은 불가능에 가깝다. 부정행위도 가능하면 시험 감독관이 현장에서 잡아야 문제가 최소화된다. 시험이 끝나고 나서 부정행위가 의심된다고 해도 이를 증명하기는 어렵다.

  이렇게 아주 많은 사람들이 정해진 시간에 모여서 한 시간 동안 한 치의 오차도 없이 진행되어야 하는 것이 시험이다. 그러다 보니 매 학기 시험마다 항상 긴장이 된다. 시험 중에 돌발 상황이 발생하였는데 나나 조교가 제대로 대처하지 못하면 해당 학기의 평가에 돌이킬 수 없는 큰 문제가 발생할 수도 있다.

경제학에서 발생 가능한 돌발 상황들을 일컬어 '컨틴전시'라고 부른다. 이 개념이 가장 흔히 쓰이는 것은 보험 분야다. 자동차 사고가 날 수도 있고, 집에 화재가 날 수도 있는 컨틴전시들에 대비하여 보험을 드는 것이다.

마찬가지로 시험 중 돌발 상황을 대비하는 것은 매우 중요하다. 그래서 나는 새로운 조교가 들어오면 숙제를 내준다. 시험 감독을 맡다가 발생할 수 있는 돌발 상황을 20개 정도 생각해서 적어오라는 것이다. 그동안 조교들이 생각해온 돌발 상황의 내용들은 보면 이렇다. 기본적으로 시험지를 잘못 프린트해오거나 답안지를 부족하게 가져온 경우 등 쉽게 예상할 수 있는 것들부터 학생이 갑자기 복통을 일으킨다거나 정전 사태가 일어나서 강의실이 어두워지는 등의 진짜(!) 돌발 상황들을 예상한 것들도 있다.

물론 이런 상황이 발생할 확률은 높지 않다. 미리 생각한다고 해서 꼭 특단의 대책이 마련되는 것도 아니다. 나는 조교들이 적어온 발생 가능한 돌발 상황들을 같이 살펴보면서 그런 상황에서 조교들이 어떻게 할 것인지를 미리 한번쯤 생각하는 것에 의미를 둔다. 이렇게 하면 막상 그런 돌발 상황이 발생했을 때 특별한 답이 없더라도 당황해서 상황을 더 악화시키는 행동은 하지 않기 때문이다.

잠시 시험 감독에 대해 더 이야기해보면, 대학 입학시험 감독이야말로 시험 감독의 업무 중에서 최고 난이도의 것이 아닌가 싶다. 나는 부학장을 하던 때에 4년간 수천 명의 입시생들이 응시하는 논술 시험 고사장의 총감독을 맡았다. 감독 업무에서 한 번의 실수라도 나오면 수십, 수백 입시생들의 대입 결과가 바뀔 수도 있기 때문에 정말로 무거운 책임감을 느꼈다.

학생들뿐 아니라 시험장 밖에서 대기하는 학부모들도 생각보다 아주 많은 문제를 일으키기 때문에 그것이 어찌 보면 더 골치 아픈 일이었다. 고사장 건물에 들어오면 안 되는데, 몰래 화장실에 숨어서 자녀를 만나는 부모를 적발한 적도 있다. 고사실 밖에서 큰 소리로 전화 통화를 하는 부모들 때문에 시험에 집중이 안 된다는 학생들의 항의를 받고 허겁지겁 부모들을 조용히 시킨 적도 있다. 부모들을 통제하는 방법으로 내가 고안한 방법은 '부학장'이라는 커다란 완장을 미리 만들어서 차고 다니는 것이었다. 자녀가 시험에 합격하여 다닐 학교의 부학장이라는 완장 덕분인지, 총감독의 요청에 대뜸 고분고분하게 응해주었다.

현실에서도 어떤 업무를 함에 있어 돌발 상황에 대해 얼마나 미리 생각해놓았는지가 너무도 큰 차이를 낳는다. 실력이 있는데도 인정을 받지 못하거나 이상하게 일이 잘 풀리지 않는 사람들이 있다. 90퍼센트의 확률로 발생할 것이라고 예상되는 한 가지의 시나리오만을 따라서 준비하는 사람들에게 일어나는 현상이다. 높은 확률로 일어날 것이 예상되는 상황에 대해서는 누구나 어느 정도 준비를 한다. 반면 10퍼센트의 확률로 예상되는 상황에 대해서는 준비를 소홀히 한다. 그런 사람들은 10퍼센트 확률의 컨틴전시로 완전히 실패하게 되는 것이다.

비록 작은 확률의 컨틴전시일지라도 예상하고 준비한 사람들은 실제로 발생했을 때 당황하지 않고 확실하

게 처리할 수 있다. 당연히 크고 작은 컨틴전시를 준비한 사람이 더 좋은 결과를 낳게 되는 것이다.

작은 확률의 돌발 상황은 생각보다 훨씬 자주 발생한다. 확률 10퍼센트의 돌발 상황이 일어날 수 있는 일을 3회 한다고 생각해보자. 돌발 상황이 한 번도 일어나지 않을 확률은 90퍼센트를 세 번 곱한 73퍼센트 정도가 된다. 즉, 돌발 상황이 3회 일하는 동안 한 번이라도 발생할 확률이 27퍼센트가 된다는 뜻이다. 사실 실제로 어떤 일이든지 해보면 매 순간이 돌발 상황이다.

다시 시험 감독의 경우를 생각해보자. 시험 참가자는 교수와 조교 외에도 100명이 넘는 학생들이 있고, 이 100명의 학생들은 모두 각각 돌발 상황을 발생시킬 수 있는 가능성이 있다. 어떤 사람이 시험을 보다가 빈혈로 쓰러질 가능성이 1퍼센트라고 하더라도, 그런 사람들 100명이 모인 상황에서 100명 중 한 사람이 빈혈로 쓰러질 확률은 상당히 높아지는 것이다. 내가 대략 계산해보니 이 경우 100명의 학생 중 한 명도 빈혈로 쓰러지지 않고 시험을 마칠 확률은 40퍼센트보다 낮게 나온다. 즉, 60퍼센트의 확률로 학생 중 누군가가 시험을 보다가 빈혈로 쓰러질 것이라는 말이다.

　실력은 있는데 운이 없다든지, 하는 일마다 잘 안 된다고 푸념하는 사람이 있다면 어떤 일이든 발생할 수 있는 돌발 상황을 20개 이상 미리 생각해서 대책을 만들어 놓으라고 말하고 싶다. 그러면 장담하건대 운과 상관없이 반드시 성공할 수 있다. 처음에는 컨틴전시가 20개는커녕 두 가지도 생각나지 않을 수 있다. 이 능력 또한 자꾸 하다 보면 늘어나게 된다.

　베테랑은 오랜 경험에서 컨틴전시들을 많이 겪어보았기에 앞으로 발생할 수 있는 돌발 상황들을 많이 예상하고 준비하는 사람을 일컫는 말이 아닐까. 그렇기에 직접 경험이 적더라도 컨틴전시를 예측하고 분석하는 훈련을 통한다면 '준베테랑'이 될 수 있다. 이때 어떤 컨틴전시는 많이 발생하고, 어떤 컨틴전시는 적게 발생하는지 생각해보고 공부하는 것도 중요하다.

　주말에 텔레비전을 보면서 시간을 흘려보내거나 할 일 없이 시내를 돌아다니지 말고, 당장 침대나 소파에 벌렁 드러누워라. 그리고 컨틴전시들을 생각해보라. 내일이면 너무도 달라진 자신의 업무 능력에 놀랄 것이다.

경제학 키워드 컨틴전시 contingency

발생 가능한 돌발 상황들을 말한다. 이러한 최악의 상
황을 가정해 위험 요소를 제거해가는 것을 컨틴전시 플
랜이라 한다.

버티고 버텨라,
기회가 온다

살다 보면 느끼는 것이, 인생은 정말로 예측하기 어렵다는 사실이다. 특히 누가 성공하고 누가 실패하는가는 하늘이나 신의 뜻이라고 할 정도로 운명적인 것인지, 인간의 능력으로 좌우할 수 있는 것은 아닌 것 같다. 이러한 현실을 반영한 말이 '노력하는 놈은 아무리 해도 능력 있는 놈을 이길 수 없고, 능력 있는 놈은 아무리 해도 운이 좋은 놈을 이길 수 없다.'는 말일 게다. 사실 세상이 그렇지 않다고 부정하고 싶지만, 몇 번을 목격하고 나면 인정할 수밖에 없다. 그럼에도 인간이 스스로의 성공과 실패를 좌우할 수 있는 중대한 열쇠를 쥐고 있는 한 가지가 있다. 다음의 질문에서 그 열쇠를 찾아보자.

한 해에 약 60만 명이 대학 입학시험을 치른다. 이들 중에 절대로 서울대학교에 합격할 수 없는 한 부류가 있다. 과연 어떤 입시생들일까? 공부를 못하는 입시생일까? 아니다. 공부를 못해도 운이 좋아서 시험문제를 찍었는데 다 맞았거나, 어떤 학과가 20명 모집하는데 지원자가 18명뿐이라면 합격할 수 있다. 실제로 서울대학교 입시 역사 속에는 정원 미달에 의한 합격의 경우가 있었다. 마찬가지 이유로 인성이 좋지 않거나 고등학교 때 징계를 받은 입시생도 서울대학교에 합격할 확률은 '제로(0)'보다는 확실히 높다. 또 가정 형편이 어려워서 등록금을 내지 못하는 경우라도 장학금을 받을 수 있기 때문에 합격이 가능하다. 그렇다면 과연 서울대학교 합격 확률이 '0'인 대한민국 입시생들은 누구인가? 바로 서울대학교에 입학지원서를 내지 않은 입시생들이다. 너무 뻔한 답이었다면 미안하다. 하지만 이 사실을 모르는 사람들이 너무 많다.

나는 모든 사회생활이 이와 같다고 생각한다. 예를 들어,

대학 졸업자 300명이 굴지의 어느 대기업에 입사했다고 하자. 그 신입 사원들이 모두 날고 기는 실력자라는 것은 두말할 필요도 없다. 그중에서 2명 정도만 훗날 그 기업의 임원이 될 수 있다고 하면, 그 신입 사원들은 자신이 임원이 될 수 있다고 생각할까? 내가 아는 세상은 그렇지 않다. 대부분은 자신의 능력이 부족하다고 생각하고 포기할 것이다. 왜냐하면 신입 사원들 중에 임원이 될 확률은 300명 중 2명, 산술적으로 0.67퍼센트이기 때문이다.

그런데 현실적으로는 그렇지 않다. 이보다 훨씬 확률이 높다. 실제 확률이 산술적 확률보다 높은 이유는 도중에 포기하고 이탈하는 사람들이 나오기 때문이다. 그것도 아주 많이 나온다. 신입 사원으로 들어가서 몇 년 일을 하다가 더 이상 장래가 없다고 생각해서 나오는 사람들이다. 300명 중에서 150명이 부장 진급 이전에 그만둔다고 하면, 임원이 될 확률은 150명 중 2명이 되는 것이다. 확률이 1.33퍼센트로 올라간다.

또 그 기업에 계속 다니기는 하지만 임원을 목표로 하지 않는 사람들이 상당히 있을 것이다. 승진과는 거리가 멀어도 편한 부서만 쫓아다니고, 시키는 일만 하거나 끝마치지 못한 일이 있어도 일찍 퇴근하는 사람들이다. 이런 사람들이 100명 정도 된다고 하면, 결국 능력이 있건 없건 임원 승진의 꿈을 가지고 노력하는 이는 50명 중 2명이라는 확률 4퍼센트 안에 들게 되는 것이다.

이 50명은 처음 입사한 300명 중에서 입사 성적 50위 이내의 우수한 사람들이었을까? 아닐 가능성이 높다. 왜냐하면 우수한 사람은 자기 사업을 해서라도 잘 살 수 있다고 생각할 것이므로 오히려 아주 일찍 미련 없이 퇴사할 가능성이 높기 때문이다.

일단 50명 안에 들면 그중에서 누가 임원이 될지는 하늘만이 알 뿐이라고 생각된다. 능력이 있더라도 외부의 영향으로 프로젝트가 취소되거나 팀이 없어지기도 하고, 인기 없는 상품을 만드는 부서에 들어갔는데 갑자기 소비 트렌드가 바뀌어 수요가 급증하더니 결국 대박이 나서 의외의 승진을 하는 사례도 있기 때문이다. 거듭 말하지만 미래는 아무도 모른다. 안다고 하는 사람들은 다 거짓말이다.

나의 주장은 '자신이 일하는 조직에서 버텨라'다. 조

직의 미래가 없어 보이고 승진이 어려워 보이더라도 상황이 바뀌었을 때 선택받을 수 있는 위치에서 있어야 승진도 하고 성공도 할 확률이 아주 높다는 것을 알게 될 것이다.

경제학의 게임이론 분야에 '지구적 소모전(war of attrition)'이라는 용어가 있다. 누구든지 먼저 포기하는 쪽이 지는 상황에서 서로 상대방이 먼저 포기하기를 바라면서 버티는 게임이다. 이때 주의해야 할 것은 내가 힘든 만큼 상대방도 힘들다는 것이다. 지구적 소모전은 화려한 전략을 구사하거나 머리를 쓸 필요가 없는 게임이다. 그저 자신의 마음을 잘 다스리면서 스트레스를 최소화하여 기다리면 되는 게임이다. 그런데도 경제학자들은 가장 어려운 게임으로 지구적 소모전을 꼽고 있다.

다시 기업 임원 사례로 돌아오면, 포기하면 임원이 될 확률이 '0'이지만, 버티고 버티면 성공 확률은 확실히 '0'보다는 훨씬 높다. 다른 사람들이 하나둘 포기해 나갈수록 확률은 점점 더 커진다. 그래서 나는 제자가 취직을 하면 다짐을 꼭 받는다. 지금 입사하는 회사에서 절대로 나오지 않겠다는 다짐 말이다.

정말로 못 다니겠으면 내게 찾아와서 사정을 설명하고 나서 그만두라는 조건이 붙는다. 이미 설명한 것처럼 아무리 전망이 없어 보여도 계속 버티면 결국 그중에서 승자가 나오기 때문이다. 또한 그 회사를 나와서 다른 회사를 간다고 해도 '지구적 소모전'은 똑같이 발생한다. 더욱이 다른 회사를 다니다 온 사람이 오래 전부터 그 회사에서 근무하던 사람을 누르고 조직에서 성공한다는 것은 오히려 더 어렵다.

내가 몸담고 있는 학교에도 외국인 유학생들이 많다. 원활한 수업 진행을 위해 몇 가지 규정을 두고 있는데, 그중 하나가 한국어 능력 시험을 봐서 성적이 일정 수준을 넘어야만 다음 학년으로 진급할 수 있다는 것이다. 간혹 이 시험에서 떨어지는 학생들이 많이 발생하는 해가 있다. 이런 경우, 대부분의 유학생들은 공부가 부족해서 통과하지 못한 것이라며 받아들인다. 반면 일부 유학생들은 지난 시험에 비해 지나치게 어려웠다는 핑계를 대면서 자신들의 잘못이 아니므로 학교가 대책을 만들어 다음 학년으로 진급을 시켜달라고 심하게 항의를 한다. 그래서 학교가 시험에 통과하지 못한 학생들을 위해서 대안을 마련하려고 하면 그때까지 조용하던 합격자들이 항의를 한다. 그 이유는 대학이 한번 정한 규칙을 이렇게 원칙도 없이 바꾸면 안 된다는 것이다.

나는 개인적으로 전자든, 후자든 그들의 생각이 그르다고 생각하지 않는다. 물론 학기 초에 알려준 규칙을 자신의 상황에 따라 유리하게 바꿔달라고 하는 것은 떳떳하지 못한 행동임에 틀림없다. 하지만 살아남기 위한 계책으로 다소 구차하지만 형평성 차원에서 충분히 이의 제기할 수 있는 방법을 택한 것이기 때문이다.

나의 두 번째 주장은 '버티기 위해서는 유연한 마음가짐을 가져라'다. 회사에서 일정한 성과가 나오지 않으면 사표를 내라고 요구하고 자기도 그렇게 하겠다고 했는데, 나중에 보니 정말로 성과가 나오지 않았다면 어쩔 것인가? 기분 같아서는 깨끗이 사표를 내고 나와야겠지만, 가만 생각해보면 사표를 내라고 요구한 회사의 행동은 법에도 맞지 않고 그 자체로도 정당한 것이 아니다. 굳이 그렇게 할 이유가 없다.

구차하다는 마음을 버리고 회사에서 계속 근무하는 것이

내가 권하는 행동이다. 버티면서 포기하지 말고 계속 도전해야
한다. 비티고 버티면 언젠가 기회가 온다.

경제학 키워드 **지구적 소모전** war of attrition

행위자들이 게임을 멈출 때를 선택하고, 다른 행위자들
보다 오래 감으로써 전략적인 수익과 시간의 흐름에 따
라 증가한 실질 비용을 달성하는 역학적 시기 선택 게
임이다.

남을 위하는 것이
자신을 위하는 것이다

첫째, 큰일은 하루아침에 이루어지지 않는다.

둘째, 가장 위대한 일은 인류를 위해 공헌하는 것이다.

셋째, 길을 잃었을 때에는 땅만 보지 말고 하늘의 별을 보고 길을 찾아라.

나의 아버지가 정하신 가훈이다. 솔직히 너무 거창해서 어린 시절의 나로서는 좀 부담이 되었다. 그래서 내가 어른이 되고 나의 아들이 초등학생이 되어서 집안의 가훈을 적어오라는 숙제를 받아왔을 때, 나는 그 긴 가훈 대신 새로운 가훈을 불러

주었다.

'남에게 도움이 되는 사람이 되자.'

아버지의 가훈 두 번째 항목을 초등학생이 알기 쉽게 풀어서 만든 것이다. 그리고는 '남을 돕기 위해서는 그만 한 능력을 갖추고 있어야 한단다. 그러니 먼저 열심히 노력해서 네 스스로의 힘을 키워라.'라고 설명을 덧붙였다. 자신뿐 아니라 남을 돕기 위해서도 노력을 해야 된다고 하면 아무래도 조금이라도 더 노력하는 삶이 되지 않을까 싶다.

언뜻 생각하면, 남을 위해서 노력한다는 이야기는 인간이 이기적이라는 가정하에서 쌓아올린 경제학의 기본 원리에 위배되는 것으로 여겨질 수 있다. 하지만 경제학에서도 가족은 일종의 확대된 자신이라고 생각하고 있다. 즉, 가족은 자신과 어느 정도 동일시하기 때문에 자기가 아닌 가족을 위한 일도 자기 자신을 위한 일처럼 열심히 한다고 보는 견해가 경제학자들 사이에서 일반적이다. 땀 흘려 번 돈을 자신이 죽기 전에 다 쓰기는커녕 한 푼이라도 더 자녀들에게 남겨주려고 애를 쓰는 부모의 마음이 바로 이런 면을 잘 나타내주고 있다.

더 확장해서, 모든 일은 마음먹기 나름이기 때문에 자신의 가족을 넘어서 마을 사람들이나 같은 민족을 한 가족으로 생각하고 전력을 다하는 것이 불가능한 것만은 아니다.

졸업하고 찾아오는 제자들 중 일부는 간혹 내 마음을 어둡게 하는 말을 한다. 지금 다니고 있는 직장이 월급도 많지 않고 일만 많이 시켜서 재미가 없으니, 정년 보장되고 편하게 직장 생활을 할 수 있는 공무원이나 공기업 쪽으로 가고 싶다는 이야기다. 그런 선택은 오히려 여러 가지로 큰 불행이 될 것이다. 왜냐하면 정부나 공기업의 업무는 국민을 위한 것이 대부분인데, 그보다는 자기 자신이 편하게 살기 위해 취업한 사람들로 구성된 조직이 국민을 위해 제대로 일할 리가 없기 때문이다.

잘 알다시피 공기업에 대한 선호가 매우 강한 요즘에는 공기업에 취직하여 입사식을 할 때 가족들이 서로 부둥켜안고 울기도 한다는 뉴스를 접한 적이 있다. 내가 만난 젊은 사람들 중에는 공기업 성격의 직장에 취직하여 무슨 일을 해야 될 경우에 자신이 얼마나 고생해서 이 직장에 취직했는데 그런 하찮은 일을 시키느냐는 태도를 보이는 경우도 있다. 과연 그 사람이 이런 자세로 30년간 직장 생활을 잘 할 수 있을까 하는 걱정이 더 앞선다. 국민을 위해 존재하는 기업에 극히 이기적으로 편하기 위해서 들어간 사람이 과연 행복할 수 있을지 모르겠다.

정부나 공기업 같은 직장들은 결코 쉽지 않다. 생각보다 업무 강도가 세다는 말이다. 민간 기업의 경우, 성과를 내는 사람은 쉽게 인정을 받게 된다. 민간 기업에는 이윤 추구 등의 명확한 목표가 있고, 어떤 형태로든 주인이 존재하기 때문에 회사와 주주를 위해서 열심히 일해 능력을 인정받으면 성공의 길이 보인다. 물론 이렇게 성과를 내기 위해서는 엄청난 노력이 필요하기 때문에 육체적, 정신적으로 힘든 것도 맞는 이야기이다. 그런데 공적 성격을 띤 기업은 이윤이라는 성과를 낸다고 해도 인정을 받지 못하는 경우가 대부분이다. 뒤집어 생각해보면 성과보다 정치적 이해관계가 강하게 작동한다는 의미다.

민간 기업이든 공기업이든 회사는 자선 기관이 아니다. 회사는 주주의 이익을 위해 일하고 그 대가를 받는 곳이지, 사원의 개인적 행복을 위하는 곳이 아니다.

연간 3000만 원의 급여와 각종 혜택을 받은 상태에서 이 회사를 다니는 것이 재미가 없다는 둥, 비전이 없다는 둥 불평만 늘어놓으면서 성과도 내지 못한다면 회사로서는 어떨까. 당연히 회사는 이 사원에 대해 낮은 평가를 할 것이고, 이는 차후에 승진이나 급여에도 영향을 미칠 것이므로 사원 본인에게도 나쁜 결과를 가져올 것이다. 케네디 미국 대통령이 남긴 '국가가 여러분을 위해 무엇을 해줄 수 있을지를 묻지 말고, 여러분이 국가를 위해 무엇을 할 수 있을지를 생각하라'는 유명한 말을 상기할 필요가 있다.

경제학자로서 덧붙이자면, 자신이 직장에 구체적으로 벌어다 주는 이윤이 얼마인지를 계산해보길 바란다. 업종마다 다르겠지만, 회사가 유지되기 위해서는 사원들이 자신 급여의 2배 정도는 돈을 벌어주어야 한다고 치자. 어떤 회사에 갑과 을이라는 두 사원이 있는데, 갑은 회사에 연 3000만 원의 돈을 벌어주고 급여를 3000만 원 받는다. 반면 을을 회사에 연 6000만 원의 돈을 벌어주고 급여를 3000만 원 받는다. 을의 급여를 제하고 남은 3000만 원은 회사나 다른 직원에게 돌아가게 될 것이다. 다르게 해석하면 을은 절반은 자신을 위해서 일한 것이고, 절반은 다른 사람들을 위해서 일한 것이다. 이런 사실을

회사는 금방 알 것이고 조만간 주변 사람들도 알게 될 것이다.

회사에서 승진이라는 좁은 문은 누구에게나 열리는 것이 아니다. 따라서 자신이 승진을 하면 좋겠지만, 그것이 어려우면 자신에게 도움이 되는 사람이 승진하는 것이 다음으로 좋은 일일 것이다. 그런 면에서 갑보다는 을이 주변의 응원을 받을 수 있다. 경제학에서는 인간이 이기적이지만, 남을 지휘하는 지위에 도달하려면 오히려 이타적인 성격을 가져야 유리하다는 연구가 있다. 바로 이런 논리에서 나온 결론이다.

구체적으로 '스타켈버그(Stackelberg) 리더'라는 개념이다. 예를 들어, A와 B라는 두 기업이 경쟁을 하고 있다고 생각해 보자. 두 기업은 자신의 물건을 더 많이 팔기 위해서 가격 파괴 전략을 구사하여 앞 다투어 가격을 인하한다. 이런 가격 파괴 전쟁이 심해지면 A와 B기업 모두 적자가 나는 경우도 빈번히 일어나게 된다. 그런데 A 기업이 100원에 판매하고 있는데, B기업이 95원으로 가격을 내려 물건을 판매한다고 해보자. 당연히 B기업의 이윤은 증가하고 A기업의 이윤은 감소할 것이다. 이때 A기업도 가격을 95원으로 인하하면 단기적으로는

100원에 판매하는 것에 비해서 A기업의 이익이 늘어날 것이다. 그러나 얼마 후에 B기업이 다시 가격을 90원으로 인하할 가능성이 남게 된다. 이러한 가격 파괴가 반복되다 보면 가격은 80원, 70원까지 하락하게 된다. 이런 장기적인 영향을 모두 예상한 A가 B의 가격이 95원으로 인하된 시점에서 자신은 가격을 100원에 유지한다면 단기적으로는 경쟁에서 손해겠지만, 장기적으로는 A와 B를 포함한 산업 전체에 이익이 된다.

이렇게 A가 자신의 단기적인 이익을 희생해서 100원으로 가격을 유지할 경우 경제학에서는 A를 스타켈버그 리더라고 부른다. 반면 B는 단기적으로는 자신의 이익을 챙겼지만 결코 리더라고 부를 수는 없다. 경제학에서는 B를 스타켈버그 추종자라고 부른다.

정리를 해보면, 남에게 도움을 줄 수 있는 삶을 살아야 하는 이유는 두 가지다.

첫째, 남을 자신이나 가족처럼 여기고 노력하면 자신만을 위할 경우보다 더 열심히 노력하게 된다. 그리하다 보면 더 많은 것을 성취할 수 있고, 결과적으로 자신의 성공에 도움을 받게 된다.

둘째, 자신이 소속된 조직이나 타인을 위해서 자신의 것을 나누는 삶을 살게 되면 조직이나 동료들에게 인정을 받게 된다. 결국 승진 등의 좁은 문을 통과함에 있어서 이러한 이타성이 인정받게 되어 더 많은 기회가 주어지게 된다.

경제학 키워드 스타켈버그 리더 stackelberg leader

어떤 산업에 여러 기업이 존재할 때, 한 기업이 가격이나 상품의 품질을 정하면 다른 기업들이 이 기업의 결정을 참고해서 자사 제품의 가격과 품질을 결정한다. 이때 처음 결정을 내리는 주도적인 기업을 일컫는다.

'들이대 정신'으로
무장하라

　우리나라 최고의 명문 대학교는 어디일까? 여러 기준이 있지만, 졸업생이 인생에서 성공할 확률이 제일 높은 대학의 이름은 놀랍게도 서울대가 아니라 '들이대'다. 들이대지 않아도 인생에서 원하는 것을 가질 수 있고 성공할 수 있다면 좋겠지만, 그런 인생은 없다.

　내가 처음 '들이대 정신'의 필요성을 느낀 것은 미국 유학 시기였다. 미국에 도착해 보니 말도 통하지 않고, 거리에 나가도 아시아인을 깔보는 느낌의 사람들이 많았다. 영어를 잘 못해서 대화가 어렵기도 했지만, 말도 더듬는 나를 일부러 피하는 미국인 또는 유럽인 동기생들도 상당수 있었다고 느껴진다. 충분히 이해가 가는 바다. 하버드에서 수업을 듣는 것이나 시험에 통과하기가 미국인이라도 쉽지 않다. 그런데 영어도 잘 못하는 외국 학생과 잘못 얽혀서, 그 학생이 수업 내용을 모르겠다고 자꾸만 물어온다면 자기 공부에 막대한 지장을 받을 것이 분명하니 미리 피하고자 했으리라.

처음에는 나를 피하는 친구들에게 구차하게 다가가서 이해하지 못한 부분을 가르쳐달라고 하려니 자존심이 너무 상했다. 모르면 몰랐지, 나 혼자 공부하면 된다고 생각한 적도 있었다. 이런 이야기를 할 때 꼭 생각나는 친구가 있다. 하버드 대학 동료 중 나보다 네 살 어린 친구와의 일화다. 나는 한국에서 군대에 복무하고 가느라 3년이 늦어졌고 그 친구는 3년 만에 학부를 조기 졸업하고 왔기에 우리는 같은 학년이지만 나이 차이가 났다. 이 친구는 우리 학년에서 1, 2등을 다툴 정도로 머리가 좋았다. 남이 풀지 못하는 문제도 척척 풀었다. 어느 날인가, 며칠을 고민해도 풀리지 않는 숙제가 있었는데 이 친구가 그 문제를 풀었다는 소문이 돌았다. 그래서 찾아가 물었더니 이렇게 말하는 것이었다.

"순구, 너희 부모님이 돈 많이 들여서 외국에 유학도 보내셨는데 여기서 숙제나 베끼고 그러면 부모님이 얼마나 마음이 아프시겠니? 그래서 나는 네게 그 문제의 해법을 알려줄 수가 없어."

순간 너무 자존심이 상했지만 그럴 때가 아니라고 생각하고, 다시 한 번 해법을 알려달라고 부탁했다. 겨우 힌트를 얻어 두 시간을 씨름하다 결국 나도 문제를 풀었다.

경제학에서는 작은 기업이 큰 기업을 누르고 이기는 것을 '유도 효과(Judo Effect)'라고 부른다. 유도 경기에서 작은 체구의 선수가 큰 체구의 선수를 들어 메어치는 것을 빗대어 생겨난 용어다. 사실 유도라는 것이 상대방의 힘을 이용하여 이기는 경기이므로 작은 기업이 큰 기업의 힘을 역이용해서 이긴다는 의미도 들어 있다.

이론적으로 유도 효과가 나타나는 이유는, 큰 기업은 변화가 일어났을 때 거대 조직을 변화시켜 빠르게 적응하는 것이 어렵지만 작은 기업은 오히려 더 빠르게 변화하고 적응하는 것이 가능하기 때문에 작은 기업이 이길 수 있다는 것이다.

일정 기간 동안 별 어려움 없이 생활을 하다 보면 많은 사람들이 위기가 닥쳐도 위기인 줄 모르게 된다. 이전처럼 행동하면 모든 것이 잘 해결될 것이라고 믿는 사람이 많다. 물론 지나치게 들이대서 남의 미움을 받게 되는 것도 문제이지만, 변화하는 세상에 유연하게 적응하지 못하는 것이 더 큰 문제다.

'들이대 정신'은 결국 '초심으로 돌아가라'는 것과 관련이 있다. 스스로는 사회적으로 높은 지위를 가지고 있다고 생각할 수 있겠지만, 세상에서 바라보는 당신의 지위는 그만큼 높지 않을 수 있다.

오히려 별것도 없는데 체면만 차린다고 비웃음 받을 수도 있다. 남에게 민폐를 너무 끼치는 것도 문제겠지만, 가난한 시절의 '들이대 정신'을 잃고 나면 그 인생은 생명의 역동성을 잃어버린 것과 같은 것이다. 세상에서 제일 무서운 사람이 '아무것도 잃을 것이 없는(nothing to lose)' 사람이지 않은가. '들이대 정신'으로 세상을 정면 돌파해나가면 인생에서 두려운 일이 무엇이겠는가?

경제학 키워드 유도 효과 judo effect

작은 기업이 큰 기업의 힘을 역이용해 이기는 것을 말
한다. 유도 경기에서 체구가 작은 선수가 체구가 큰 선
수를 업어 메어치는 것을 빗대어 만든 용어다.

인생은 게임이다!

"금메달을 따지 못하면 브라질 리우 앞바다에 빠져 죽겠습니다."

텔레비전에 출연한 어느 국가대표 선수가 리우 올림픽에 출전하면서 한 말이다. 죽겠다는 각오로 연습을 하는 사람만이 금메달을 노릴 수 있겠다는 생각이 드는 장면이었다. 올림픽 선수는 아니더라도 많은 보통의 사람들도 자신의 목표를 위해서 '죽기 아니면 살기'라는 각오로 노력을 하고 있다.

나도 젊은 시절 미국에 유학을 가면서 만일 박사 학위를 받지 못하면 한국으로는 다시 돌아오지 않겠다는 각오를 했었다.

실제로 박사 학위 취득에 실패한 유학생 중에는 한국으로 돌아가지 않고 미국에 남아서 장사를 하는 사람도 있었고, 아주 유감스러운 일이지만 실제로 자살을 하는 학생도 간혹 있었다. 운동이나 공부나 정말 노력하지 않으면 자신의 목표를 달성하기 어려운 면이 있지만, 죽음을 각오한 사람이라면 조금 힘들고 일이 풀리지 않는다고 포기할 리가 있겠는가? 죽을 각오를 하고 덤비는 사람에게는 이길 사람도 없다고 하지 않던가.

그런데 죽을 각오로 노력을 했으나 오히려 실패의 결과를 얻기도 한다. 아니 99.99퍼센트의 사람들은 모두 실패를 경험하기 마련이다. 하버드 대학교에도 성적을 비관하여 자살하는 학생이 매년 한두 명 있다. 사람들은 하버드까지 간 학생이라면 공부를 이미 엄청 잘했을 텐데 성적 비관 자살이라니, 믿어지지 않는 모양이다.

어려서부터 1등만 했던 학생들이 모인 하버드에서 모두가 1등이 될 수 없기에, 중간 이하의 성적을 처음 받게 되면 엄청난 충격을 느끼게 된다. 그 사람은 어려서부터 정말 죽을 각오를 하고 공부한 결과 계속 1등을 했던 것이기 때문에 막상 1등을

놓치면 정말로 죽을 수밖에 없는 것이다. 말로만 죽을 각오라고 하면서 실제로 죽을 생각이 없는 학생이라면 아마 1등을 계속할 수 없었을 것이다.

문제는 여기에 있다. 시험을 보기 전에는 100점을 못 받으면 죽는다는 각오로 공부해야 하지만, 실제로 항상 100점을 받을 수는 없는 것이기에 혹여 100점을 받지 못했다고 정말로 죽는다면 이것은 너무나 바보 같은 일이 아닐 수 없다.

경제학에는 이런 문제들이 심각한 연구 주제로 다루어지고 있는데, 바로 '커미트먼트 문제(commitment problem)'다. '동태적 일관성(time consistency)의 문제'라고도 불린다. 예를 들어, 부모가 공부를 싫어하는 자녀에게 이번 시험을 잘 보면 원하는 비싼 게임기를 사 주겠다고 약속했다. 그 자녀는 게임기를 얻고 싶어서 죽기 살기로 공부를 했고, 그 결과 시험 성적을 잘 받았다. 그런데 막상 자녀의 성적이 잘 나오자 엄마는 고민에 빠질 수밖에 없다. 왜냐하면 몇 달 후에도 시험이 있는데, 지금 게임기를 사 주면 이것을 가지고 놀면서 공부를 안 할 테니 자녀의 성적이 다시 떨어지는 것이 뻔히 예상되기 때문이다.

다시 처음의 사례로 돌아가보자. 성공하지 않으면 죽겠다는 각오로 열심히 했는데 막상 실패를 하더라도 마음을 추스르고 다음 도전에서도 죽기 아니면 살기라는 각오로 다시 노력하는 자세를 가진 사람이라면 성공은 어려운 일이 아니다. 이 과정에서 맞닥뜨릴 수 있는 좌절을 이겨낼 수 있는 정신력만 있다면 가능하다.

고등학생들에게는 대학만 가면 뭐든지 다 할 수 있다는 환상이 있다. 즉, 지금 고생을 하더라도 대학 입학만 하게 되면 그 다음에는 평생 좋은 일만 있고 다시는 고생하면서 공부하지 않아도 된다는 망상 말이다. 그래서인지 대학에 들어와서 정신없이 놀다가 형편없는 학점을 받고, 심지어는 그렇게 어렵게 들어온 대학에서 성적 불량으로 퇴학을 당하는 학생들도 있다. 이런 학생들에게 필요한 것은 환상에서 깨어나 다시 초심으로 돌아가서 대학 공부를 시작할 수 있는 마음가짐이다. 그래야 대학원이나 취직이라는 관문도 성공적으로 통과할 수 있다.

결국 한길만 바라보고 죽도록 노력해서 성공을 하더라도 만족하지 않고 바로 다음 목표를 향해 노력할 수 있는 멘탈

(mental, 정신)을 가져야 한다. 마찬가지로 실패하면 죽음이라는 생각으로 노력했다가 혹시 실패하더라도 오뚝이처럼 일어나서 다시 노력하는 멘탈을 가져야 한다. 하지만 조그만 성공에도 세상을 다 가진 듯 우쭐해 하다가 다음에 큰 실패를 하게 되고, 조그만 실패에도 좌절해서 인생이 끝난 듯이 행동하는 것이 인간이다. 이런 인간적인 측면을 완전히 극복하는 것은 무리겠지만, 그래도 성공과 좌절의 시기를 극복하는 데 도움이 되는 나만의 비법을 말해보려 한다.

별다른 것이 아니라 '인생이 사실은 한 판의 게임'이라는 것을 깨닫는(이해하는) 것이다. 내 전공이 게임이론인데, 경제학에서 국가와 국가 사이의 전쟁에서 구사되는 각종 전략이나 기업 간의 경쟁에서 가격과 광고 등을 놓고 벌이는 경쟁의 전략을 다루는 학문 분야다. 게임이라는 이름과는 달리 기업들끼리 또는 국가들 사이에 죽고 죽이는 살벌한 내용을 다루는 학문인 것이다. 이런 학문이 게임이라는 장난같이 실없는 이름을 가진 것에는 의미가 있다고 나는 생각한다. 물론 친구들끼리 심심풀이로 하는 카드 게임이나 컴퓨터게임과 기업들 사이에 벌어지는 살벌한 생존 게임의 수학적 구조가 같기 때문에 게임이론이라는 이름이 붙은 것이지만, 사실 이 세상에는 살벌한 생존 게임이라는 것이 존재하지 않을 수 있다.

무슨 말인가 생각해보자. 인생은 컴퓨터게임이 아니고 진지한 것이라고 말하지만, 다시 생각해보면 인생과 컴퓨터게임 사이에 그다지 큰 차이가 있는 것도 아니다. 컴퓨터게임에서 캐릭터가 죽으면 새로운 게임을 시작하듯이 인생의 게임도 무엇인가를 추구하다가 실패하면 다시 새로운 게임을 시작하면 된다. 물론 아무리 그렇게 말하더라도 빚쟁이에게 전 재산을 몰수당하든지, 범죄를 저질러서 처벌을 받는다면 심각한 상황이다. 하지만 특정 시험에 떨어졌다든지, 회사의 승진에서 밀렸다는 정도는 사실상 당신의 인생에 별 영향을 줄 정도의 사건이 아닌 것이다.

개인적으로는 인생에서 성공과 실패는 중요한 것이 아니라고 생각한다. 더 나아가 자신이 목표로 세운 일을 성취해가는 과정에서 느끼는 보람과 즐거움, 더 나아가 깨달음이다. 이는 마치 컴퓨터게임에서 세계를 정복했다고 한들 현실에서 그것이 갖는 의미는 전혀 없는 것과 마찬가지다. 그렇지만 그 과정에서 고민하고 연구하여 새로이 발견한 여러 가지 기법들과 이를 적용하여 목표를 달성했을 때의 쾌감 등이 남는 것이다.

나는 신이나 대자연이 인간을 위해서 마련해놓은 인생이라는 게임을 해나가면서 그 게임의 원리를 파악해가고, 그 게임에서 이런저런 방법들을 연구해서 다음에 좋은 성과를 내도록 노력해가는 과정이 인생의 의미이고 재미라고 생각한다.

결국 하나의 커다란 게임에 불과한 인생을 살면서 작은 성공과 실패에 일희일비하며 우쭐대고 좌절한다면 너무도 어리석은 일이 아닐까.

경제학 키워드 **커미트먼트 문제** commitment problem

게임이론에서 자신이 어떤 행동을 취할 것인지 상대에게 확신시키지 못해 효율적인 결과를 이끌어내지 못하는 문제를 말한다.

경제학 입문을 위한 추천 도서

스티븐 레빗·스티븐 더브너, 안진환 역, 《괴짜경제학》, 웅진지식하우스, 2007.
우리의 일상적인 삶이 수치적인 통계 자료에 의해 얼마나 과학적으로 분석될 수 있고 이런 분석이 얼마나 유용한가를 알 수 있다.

팀 하포드, 김명철 역, 《경제학 콘서트》, 웅진지식하우스, 2006.
실생활에 적용되는 경제학 원리를 느껴볼 수 있다.

이준구·이창용, 《경제학 들어가기》, 문우사, 2014.
교과서 같지 않은, 술술 읽히는 경제 입문서이다.

한순구, 《대한민국이 묻고 노벨 경제학자가 답하다》, 교보문고, 2012.
조금 야심찬 독자들은 이 책을 통해 노벨 경제학상 수상자의 업적에 대해 조금 이해해볼 수 있을 것이다.

그레고리 맨큐, 김경환·김종석 역, 《맨큐의 경제학》, 센게이지러닝, 2015.
일반인이라면 경제학과 1학년생이 배우는 교과서인 이 책 이상을 읽을 필요는 전혀 없을 것이다. 일반인에게 필요한 경제 지식은 다 담겨 있는 교과서다.

토드 부크홀츠, 류현 역, 《죽은 경제학자의 살아있는 아이디어》, 김영사, 2009.
유명한 경제학자들이 어떤 삶을 실제로 살았는지를 엿볼 수 있다.

마이클 하워드, 안두환 역, 《유럽사 속의 전쟁》, 글항아리, 2015.
역사책이지만, 그리고 전쟁에 대한 책이지만 그 배경에 존재하는 기술력과 경제력의 중요성이 잘 드러나 있다.

찰스 윌런, 김명철 역, 《벌거벗은 통계학》, 책읽는수요일, 2013.
경제학은 수치적 자료를 기반으로 분석한다는 점이 가장 큰 자랑이다. 당연히 통계학적 소양이 필요하다.

리처드 도킨스, 홍영남 역, 《이기적 유전자》, 을유문화사, 2002.
유전자나 생물계의 공존과 경쟁도 결국 경제 법칙이 적용된다.

김우중, 《세계는 넓고 할일은 많다》, 김영사, 1989.
대우라는 기업이 사라지긴 했지만, 말도 안 되는 꿈을 가지고 한국 굴지의 대기업을 세운 삶에서 느끼는 것이 있을 것이다.

허브 코헨, 강문희 역, 《허브 코헨, 협상의 법칙》, 청년정신, 2011.
이 책을 읽으면 매일 매일이 협상이라는 것을 알 수 있다.

인생을 낭비하지 않고 효율적으로 사는 법

인생 경제학

ⓒ 한순구, 2017

초판 1쇄 인쇄 2017년 1월 16일
초판 1쇄 발행 2017년 1월 23일

지은이 한순구

펴낸이 연준혁
편집인 김정희
편집 김영회 전민지 일러스트 임익종 디자인 유씨컴퍼니 (02)6010-0883

펴낸곳 로고폴리스 출판등록 2014년 11월 14일 제 2104-000213호
주소 (10402) 경기도 고양시 일산동구 정발산로 43-20 센트럴프라자 6층
전화 (031)936-4000 팩스 (031)903-3895 홈페이지 www.logopolis.co.kr
전자우편 logopolis@naver.com 페이스북 www.facebook.com/logopolis123
트위터 twitter.com/logopolis3

값 11,800원 ISBN 979-11-86499-41-2 03320